2

Sprachbrücke

Deutsch als Fremdsprache

Arbeitsheft Lektionen 1–5

von
Eva-Maria Jenkins

mit Beiträgen von
Franz Buchetmann
Sieglinde Gruber
Andreas Kabisch

Klett Edition Deutsch

Sprachbrücke 2

Arbeitsheft Lektionen 1–5

Redaktion: Eva-Maria Jenkins, Hamburg
Illustrationen: Joachim Schreiber, Frankfurt
Zeichnungen S. 30/31: Christa Janik, Leinfelden-Echterdingen

1. Auflage   1 ⁵ ⁴ ³ ² | 1996 95 94 93
Alle Drucke dieser Auflage können im Unterricht nebeneinander benutzt werden, sie sind untereinander unverändert. Die letzte Zahl bezeichnet das Jahr dieses Druckes.

© Verlag Klett Edition Deutsch GmbH, München 1992.
Alle Rechte vorbehalten.
Satz: REIFF-Satztechnik, München
Druck: REIFF-Druck, München · Printed in Germany

ISBN 3-12-557250-9

Inhalt

Verweise und Piktogramme:

A1   Ü zum Schritt A1 des Lehrbuchs

$\begin{smallmatrix} A1 \\ \downarrow \\ A3 \end{smallmatrix}$ Ü zu den Schritten A 1, A 2, A 3

$\begin{smallmatrix} A1 \\ + \\ A3 \end{smallmatrix}$ Ü zu den Schritten A 1 und A 3

A   Ü zum Lernstoff von Baustein A

$\frac{A}{W}$ Ü zum Wortschatz von Baustein A

$\frac{A}{G}$ Ü zur Grammatik von Baustein A

$\frac{1}{W}$ Ü zum Wortschatz von Lektion 1

$\frac{1}{G}$ Ü zur Grammatik von Lektion 1

$\frac{1}{\text{LV}}$ Ü zum Leseverstehen

$\frac{1}{L+S}$ Lesen und Schreiben

$\frac{1}{K}$ Kontrollaufgaben zu Lektion 1

(Ü = Übung)

 Rollenspiel

 Einsatz eines Wörterbuchs ist erforderlich.

 Projekt

 Reihenübung mit Drillcharakter

 Schreiben eines zusammenhängenden Textes

Orientierung für Lehrerinnen und Lehrer

Das einsprachig deutsche Arbeitsbuch zu Sprachbrücke 2 erscheint in zwei Teilen. Der erste Teil umfaßt die Lektionen 1–5, der zweite Teil die Lektionen 6–10. Auf diese Weise kann das Übungsmaterial flexibel in verschiedenen Kursstufen eingesetzt werden. Das Arbeitsbuch zu Sprachbrücke 2 führt die Konzeption des Arbeitsbuches zu Sprachbrücke 1 weiter, setzt aber auch neue Akzente.

Generelles Ziel des Arbeitsbuches ist es, in Übungen und Aufgaben die impliziten und expliziten Lernziele von Sprachbrücke 2 aufzugreifen, sie auf vielfältige Weise einzuüben, zu variieren und zu festigen, zusammenzufassen und zu wiederholen. In seinem inneren Aufbau folgt das Arbeitsbuch der Wortschatz- und Grammatikprogression sowie dem thematisch/interkulturellen und didaktischen Ansatz des Lehrwerks und entwickelt ihn weiter. In seinem äußeren Aufbau folgt es dem Aufbau des Kursbuchs in Unterrichtsschritten (A 1, A 2, A 3 ...), Bausteinen (A, B, C ...) und Lektionen (1, 2, 3 ...).

Die Übungspalette reicht von drillähnlichen Reihenübungen bis hin zu komplexen Arbeits- und Schreibaufträgen. Neben dem Üben und Anwenden von grammatischen Strukturen liegt ein besonderer Schwerpunkt auf der Wortschatzarbeit: Wortbildung, Wörterlernen und Erweiterung des Wortschatzes sind Gegenstand zahlreicher Übungen. Die Spiel- und Rätselecke lädt immer wieder zum spielerischen Umgang mit dem Erlernten ein.

Im folgenden sei noch auf einige weitere Aspekte hingewiesen:

Interaktive/kultur-kontrastive Übungen und Aufgaben: In Partnerarbeit oder in Kleingruppen werden Aufgaben und Problemstellungen bearbeitet, bei denen es weniger auf das richtige Ergebnis ankommt, sondern auf den Austausch von Gedanken, Meinungen und Vorstellungen, die in einem nächsten Schritt dann noch einmal mündlich oder schriftlich zusammengefaßt im Plenum präsentiert werden. Häufig handelt es sich bei diesem Übungstyp um kulturell-kontrastive Frage- und Aufgabenstellungen. (Beispiele: L. 1, Ü 9; L 2, Ü 7; L. 4, Ü 16 u. a.)

Landeskunde: Dem Interesse an den Veränderungen und Entwicklungen in Deutschland nach der Vereinigung der beiden deutschen Staaten im Oktober 1990 wird in einer ganzen Reihe von Übungsinhalten und Materialien Rechnung getragen. Beispiele: Erste Eindrücke nach der Maueröffnung (L. 1, Ü 9), Erwartungen der Menschen (L. 3, Ü 15), Rückblick auf die Ereignisse in den Jahren 1989/1990 (L. 9, Ü 22), die alten und neuen Bundesländer (L. 4, Ü 18), Deutschland und die europäischen Nachbarn (L. 9, Ü 24).

Wahlmöglichkeiten und/oder Binnendifferenzierung: Motivation und Interesse an Inhalten und Übungsformen sind wichtige Faktoren für das Lerninteresse und damit für den Lernerfolg. Beides aber wird aus ganz persönlichen, individuellen Quellen gespeist und ist – besonders, wenn es sich um ein Deutschlehrbuch handelt, das in vielen Ländern verwendet wird – von den Lehrbuchautoren nur äußerst begrenzt oder gar nicht vorhersehbar und planbar. Ein Ausweg aus diesem Dilemma wären Alternativangebote und Wahlmöglichkeiten. Dagegen sprechen jedoch Kosten- und Umfangsgründe. Um wenigstens die Richtung anzudeuten, werden im Arbeitsbuch bei einigen Aufgabenstellungen alternative Wege oder Texte angeboten. Manche Texte und Aufgaben sind auch fakultativ, d. h. sie können bei Zeitmangel oder fehlendem Interesse ganz weggelassen werden. Je nach Unterrichtssituation können diese Materialien jedoch auch zur Binnendifferenzierung genutzt werden.

Lesen und Leseverstehen: Sowohl in den Kursbüchern Sprachbrücke 1 und 2, als auch ganz besonders im Arbeitsbuch zu Sprachbrücke 1 ist die gezielte Vermittlung von Lesestrategien zum Aufbau des Leseverstehens ein wichtiges Anliegen. In einem fortgeschrittenen Stadium des Deutschlernens – so die Überlegung – ist es dann an der Zeit, fremdsprachige Texte „freiwillig", also aus Interesse am Textinhalt, zu lesen. Deshalb wurden zu einigen Themen der Lektionen verschiedene Lesetexte für die „Leselust zum Thema" ausgewählt. Anstelle eines großen Aufgaben- und Fragenkatalogs gibt es jeweils nur einen kleinen, die Leserichtung bestimmenden Anreiz für ein mögliches Leseinteresse. Diese Lesetexte sind natürlich fakultativ.

Nicht fakultativ dagegen sind Aufgaben, die einige Lesestrategien aufgreifen, die bisher zu kurz gekommen sind oder weiter aufgebaut werden müssen, wie z. B. „Wörter aus dem Kontext erschließen" (L. 2, Ü 18) oder die bewußte Analyse von Textkonnektoren, wobei letzteres auch für das Schreiben (Textaufbau) eine wichtige Rolle spielt.

Um Lehrenden und Lernenden die Möglichkeit zu geben, an bestimmte Lesestrategien zu erinnern und diese auch konsequent zu nutzen, wurden auf Seite 117 die leicht veränderten „Spielregeln zum Knacken deutscher Texte" aus dem Arbeitsbuch zu Sprachbrücke 1 in Form eines „Schaltplans" noch einmal abgedruckt.

Schreiben und Lesen und Schreiben: Die Rede ist hier nicht von der schriftlichen Fixierung von Grammatikübungen o. ä., sondern vom Schreiben längerer Texte, vom Ausprobieren verschiedener Textsorten (Briefe, Geschichten, Anzeigen, Bewerbungsschreiben, Lebenslauf, Gedicht, Hörspiel usw.). Das so verstandene Schreiben nimmt im fortgeschrittenen Deutschunterricht auch im Hinblick auf die Prüfung zum „Zertifikat Deutsch als Fremdsprache" des Deutschen Volkshochschulverbandes/Goethe-Instituts einen immer größeren Raum ein. Dabei darf es nicht bei der Aufforderung „Schreiben Sie bitte" bleiben. Der Textaufbau, die Präsentation und das Verknüpfen von Inhalten über die Satzebene hinaus, muß textsortenspezifisch immer wieder geübt werden. Natürlich kann das im Grundstufenbereich nur in begrenztem Rahmen geschehen. Das Arbeitsbuch stellt immer wieder entsprechende Schreibaufgaben auch in Verbindung mit vorangegangenen Lesetexten.

Damit auch das Schreiben als eine Tätigkeit erfahren wird, die Spaß machen kann, sind Vorbereitung/Planung des Textes und Umgang mit dem geschriebenen Ergebnis wichtig. Text/Schreibaufträge sollten in der Klasse vorgeplant und besprochen werden. Dabei sollte deutlich werden, daß geschriebene Texte für Leser geschrieben werden, denen der Schreibende etwas vermitteln möchte. Deshalb sollten die fertigen Texte dann in der Klasse (evtl. auch außerhalb des engen Klassenrahmens) ihre Leserinnen und Leser finden, gemeinsam „redigiert" (nicht verbessert!) werden und in einer Textmappe (Klassenmappe?), die immer wieder zum Lesen hervorgeholt werden kann, als deutlich sichtbares Ergebnis der individuellen und gemeinsamen Arbeit gesammelt werden.

Hören und Hörverstehen: Zu dem Arbeitsbuch zu Sprachbrücke 2 gibt es keine Hörkassette. Es gibt hin und wieder Aufgaben zu den auf Kassette angebotenen Texten des Kursbuches.

Hinweise zu einzelnen Übungen und Aufgaben befinden sich im Anschluß an jede Lektionsbeschreibung im Handbuch für den Unterricht.

A 1   1   Auftaktseite: Fremdbild – Eigenbild

1. Die drei deutschsprachigen Länder

Was fällt Ihnen zu „Deutschland", „Schweiz" oder „Österreich" ein?
Schreiben Sie bitte Stichworte auf, und vergleichen Sie die Stichworte in der Klasse! Haben alle dieselben Stichworte oder gibt es Unterschiede? Sprechen Sie über die Unterschiede.
Woher kommen sie?

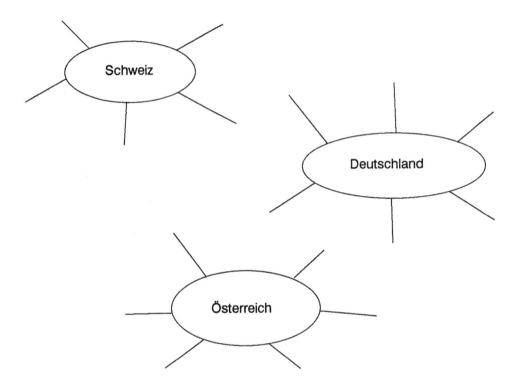

2. Fremdbild

Die Auftaktseite zeigt Klischees über verschiedene Länder. „Klischees" – das sind feste Meinungen und Vorstellungen über andere Menschen oder andere Länder. Wissen Sie, welche Klischees es über Ihr Land gibt? Oder anders ausgedrückt: Was halten Ausländer für typisch in Ihrem Land? Fragen Sie ausländische Besucher Ihres Landes oder Briefpartner usw.

3. Eigenbild

Die Einwohner* eines Landes selbst halten oft ganz andere Dinge für typisch für ihr Land.
Machen Sie gemeinsam in der Klasse eine große Wandcollage oder eine „Ausstellung" zum Thema: „Das ist typisch für unser Land."
(Zur Vorbereitung von Projekten finden Sie organisatorische und sprachliche Hilfen in Band 1 von Sprachbrücke, Seite 62. Für die Collage können Sie viele Materialien benutzen: Bilder aus Zeitungen und Prospekten, eigene Fotos, Zeitungsausschnitte, aber auch kleinere Gegenstände, z. B. Blätter von typischen Bäumen oder Blumen, kleine Steine usw.)
Diskutieren Sie dieses „Eigenbild" in der Klasse und vielleicht auch mit anderen Klassen.

* der Einwohner

2   Urteile? Vorurteile?

1. Nicht alle Urteile sind Vorurteile. Die Grenzen sind nicht immer klar. Vorurteile erkennt man oft an bestimmten grammatischen Strukturen (z. B. *Alle ... sind / Alles ist ... / Die ... sind*), an der Wahl bestimmter (starker) Wörter mit für den Sprecher negativer Bedeutung oder an Äußerungen wie z. B. *überhaupt nicht, gar kein ...* usw.
Überlegen Sie bitte! Was ist in den folgenden Beispielsätzen eher ein Urteil (U), was ist eher ein Vorurteil (V)?

☐ Die ... sind kalt und unfreundlich.
   Bei der Begrüßung geben sie sich nicht
   einmal die Hand.
☐ Am Anfang sind sie zurückhaltend. Sie
   wirken kalt und unfreundlich.

☐ Sie haben keine Eßkultur.
☐ Sie haben eine andere Eßkultur.
☐ Ihre Küche ist berühmt.
☐ Das Essen dort schmeckt nicht gut.
☐ Mir hat das Essen dort nicht geschmeckt.

☐ Sauberkeit wird dort großgeschrieben.
☐ Dort sieht alles freundlich und sauber aus.
☐ Die Leute sind schmutzig: Sie haben nicht
   einmal Badezimmer in ihren Wohnungen.
☐ Die Frauen rasieren sich nicht die Beine. Sie
   haben keinen Sinn für Ästhetik!

☐ Die Leute sind für ihren Geiz bekannt.
☐ Sie gehen sparsam mit dem Geld um.

☐ Sie sollen sehr fleißig und pünktlich sein.
☐ Sie kennen nichts als Arbeit.
☐ Sie sind faul: Sie arbeiten nur fünf Stunden
   am Tag.

2. Wenn wir Urteile, besonders aber Vorurteile aussprechen, dann gibt es immer zwei Seiten:
   Wir ... und ... die anderen.

Wir (mit unserer Meinung, unserem Weltbild)	urteilen	**über**	die anderen / das andere.

Wir sehen alles „mit unserer Brille".

Suchen Sie bitte in den Äußerungen von Text A 1, wie „die anderen" genannt werden!
Notieren Sie die passende Bezeichnung auf der „Wir"-Seite!

„die anderen" Das steht im Text:	„Wir" Das steht nicht im Text:
A: ⎫ *dort*	„hier"
B: ⎭	
C: ⎫ *Die Leute dort*	
D: ⎭	
E: ⎫	
F: ⎬	
G: ⎭	
G: ⎫	„bei uns"
H: ⎭	
	„Das Land, in dem ich lebe"
I: ⎫	
J: ⎭	

3. In den Texten von A1 stehen die (Vor)Urteile, die ausgesprochen werden. Welche Gedanken stehen hinter den (Vor)Urteilen? Schreiben Sie bitte zuerst die Vorurteile in der linken Spalte und dann die Gedanken in der rechten Spalte!

Das wird über die anderen gesagt:

Das wird (vielleicht) gedacht:

A/B

Also, Sauberkeit wird dort nicht großgeschrieben.

Hier bei uns achtet man sehr auf Sauberkeit.

Die Küche ist berühmt.

Ja, das muß man zugeben.

Das weiß jeder.

Was Besseres gibt es nicht.

Nicht einmal

C/D:

Die Leute dort sollen _____

Das habe ich gehört./Das sagt man.

_____

Man sagt, sie _____

_____

_____

E/F:

Was? Er hat kein Geschenk mitgebracht?

_____

Die Leute sind _____

G/H:

Bei denen hat alles _____

_____

Alles ist _____

_____

Sogar _____

_____

Da können _____

_____

_____

Für die _____

_____

I/J:

Im Land meiner Träume gibt es _____

_____

_____

_____

_____

Dort existieren _____

_____

Da gibt es noch _____

_____

Allerdings _____

_____

4. Positive (Vor)Urteile sind manchmal auch versteckte negative (Vor)Urteile. Suchen Sie bitte Beispiele in A1!

5. „Ausnahmen bestätigen die Regel". Nimmt E mit dieser Aussage das Vorurteil zurück oder nicht? Was meinen Sie?
Gibt es in Ihrer Sprache ein ähnliches Sprichwort?

3   Wortbildung: Nomen und Adjektive aus Nomen und Adjektiven

1. **Wiederholung:** Aus Sprachbrücke 1 kennen Sie bereits die Suffixe – *heit (Schönheit)*, – *keit (Wirklichkeit)* und – *igkeit (Sprachlosigkeit)*. Sie kennen auch die Suffixe – *los (sprachlos)*, – *lich (herzlich)*, *-ig (windig)*, das Suffix – *in (Lehrerin)* und das Präfix – *un*, mit dem man bei Adjektiven und Substantiven das Gegenteil bilden kann *(unzufrieden)*. Sie wissen auch, daß aus *kalt* das Substantiv *die Kälte* wird. Wiederholungsübungen dazu finden Sie zum Beispiel in den Arbeitsbüchern zu Sprachbrücke 1, Lektion 11.

2. Bilden Sie bitte Wörter mit den Präfixen und Suffixen aus 1. und dem Suffix – *schaft!*

Beispiele:

	die Natur			der Feind	
	natür	lich		feind	lich
	Natür	lichkeit		Feind	schaft
un	natür	lich		Feind	in
Un	natür	lichkeit			

Und nun Sie bitte! (Wenn Sie nicht sicher sind, ob es das eine oder andere Wort, das Sie gebildet haben, wirklich gibt, dann schauen Sie bitte im Wörterbuch nach!)

a)	der Freund	

b)	das Glück	

c)	die Ruhe	

d)	das Herz	
	herzig	ig
	herz	lich/keit
	herz	losigkeit
	herz	haft

e)	der Punkt	

f)	der Mann	

g)	das Kind, Kinder	
	kind	lich/lein
	kind	isch
		haft

h)	der Herr, Herren	
	herr	lich
	herr	lich herr
	herr	schaftlich

A 1 ↓ A 3   4   Wortbildung: Nomen aus Verben

Die folgenden Verben kennen Sie schon aus Band 1 von Sprachbrücke. Wahrscheinlich kennen Sie auch bereits die meisten Substantive, die zu diesen Verben gehören. Tragen Sie die Substantive bitte in eine Tabelle ein!

wohnen – ordnen – spielen – antworten – lügen – benutzen – begrüßen – hoffen – (jdm etw) raten – küssen – einladen – entschuldigen – träumen – danken – tanzen – erklären – zeichnen – helfen – lieben – erzählen – loben – rechnen – entscheiden – reimen – fliegen – sich freuen (!) – sich verabreden – urteilen – übersetzen – sich verbeugen – empfangen – fragen – sich umarmen – sich verloben – sich erinnern – schmerzen – verkaufen – befehlen – sich streiten – sich unterhalten – fahren (!)

Substantive aus Verben:

Verbstamm + – *ung*: femininum	nur Verbstamm (manchmal ändert sich der Vokal) m	n	f	Verbstamm + – *e*: femininum
e Wohnung	r Traum	s Urteil	e Antwort	e Lüge

> Achtung! Einige Substantive auf **-e** sind maskulinum:
> **der** Name, **der** Glaube, **der** Gedanke, **der** Käse,
> **der** Wille, **der** Buchstabe -
> und natürlich alle männlichen Wesen auf -e wie z.B.:
> **der** Kollege, **der** Neffe, **der** Hase, **der** Löwe.
>
> Neutrum: **das** Ende

A 1 ↓ A 3   5   Das Land unserer Träume: Wortschatz Adjektive

„Im Land unserer Träume" ist alles herrlich.
Menschen und Landschaft sind:

gastfreundlich   spontan   weiß   gesund   musikalisch
herzlich   sauber   traumhaft   zufrieden   blau
kristallklar   zuverlässig   warm   paradiesisch   phantastisch
(nicht so) hochtechnisiert   natürlich   positiv

1. Ivo und Helena haben ihr Traumland gefunden. Begeistert schreiben sie an ihre Bürogemeinschaft in ihrer Firma. Die Adressaten wissen genau, wie so ein Traumland aussieht. Deshalb können sie die Adjektive selbst einsetzen. Sie auch?

Liebe Kollegen,

Traumlandia, 24. 8. 1991

endlich haben wir unser Traumland gefunden. Die Menschen hier sind nicht so zurückhaltend wie bei uns, sie reagieren noch _____ und begrüßen jeden Fremden sehr _____ . Sie freuen sich über jeden, der kommt, denn sie sind nie gereizt. Sie sind sehr _____ . Was uns am meisten gefällt: sie sind immer _____ , und halten alles, was sie versprechen.

Abends sitzen sie zusammen im Freien, singen und musizieren. Es klingt wunderbar, denn sie sind viel _____ als wir. Sie leben in engem Kontakt mit der Natur; deshalb sind sie auch so _____ geblieben.

Und erst die Landschaft! Einfach _traumhaft_ ! Daß es so etwas wirklich gibt! Das hätten wir uns nie träumen lassen. _____ Verhältnisse wie zu Adams und Evas Zeiten: strahlend _____ Sandstrände, _____ , _____ Wasser, dahinter die _____ Silhouette der Berge.

Hier gibt es noch nicht so viel Industrie, die Menschen machen vieles noch per Hand, es ist nicht alles so _____ wie bei uns. Deshalb ist der Himmel auch immer _____ . Und die dichten grünen Wälder sind noch ganz _____ .

Das Klima ist sehr mild, nicht zu heiß, selbst nachts ist es so _____ , daß man draußen sitzen kann. Nicht zu vergessen, das Essen! Viele sehr schmackhafte Spezialitäten. Ihr seht, alles ist rundum _____ .

Hoffentlich habt Ihr ein bißchen vom Zauber dieses Landes durch diesen Brief gespürt.

Es grüßen Euch ganz herzlich

Eure Ivo und Helena

Sie können nun selbst überprüfen, ob Sie die richtigen Adjektive in der richtigen Reihenfolge eingesetzt haben: In jedem Wort ist ein Buchstabe fett gedruckt. Wenn Sie diese Buchstaben im ersten Abschnitt des Briefes von oben nach unten ↓ und im zweiten Abschnitt von unten nach oben ↑ lesen, dann erhalten Sie die Lösung.

Lösung: In unserem Traumland ist nicht alles so

☐☐☐☐☐☐☐☐   ☐☐☐☐☐☐☐☐☐☐☐☐   wie bei uns.

2. Wie sieht wohl das Land aus, in dem Ivo und Helena zu Hause sind? Sicher hat es all das nicht, was die beiden in ihrem Traumland finden.
Versuchen Sie gemeinsam in der Klasse, dieses Land zu beschreiben. Benutzen Sie dabei bitte so wenig wie möglich die Negation „nicht", sondern benutzen Sie die entsprechenden Adjektive (Antonyme) wie z. B. *zurückhaltend, schmutzig, ...* oder Umschreibungen. Da Sie nicht genau wissen, wie das Land aussieht, benutzen Sie Ausdrücke wie: *Ich glaube/denke, daß ...; Wahrscheinlich/Vielleicht/ Sicher ... Ich nehme an, daß ...*

3. Ivo und Helena haben sich in ihrem Urlaub besonders mit ihren Gastgebern (Nadia und Marik) angefreundet. Als sie wieder zu Hause sind, schreiben sie einen Brief, in dem sie die beiden Freunde zu sich einladen. Sie schreiben auch, was in ihrem Land anders und leider nicht so schön ist wie in Nadias und Mariks Heimatland. Aber natürlich schreiben sie auch ein paar positive Aspekte (z. B.: zwar weniger Natur – aber mehr Kultur; Vorteile der Technik usw.), denn die Freunde sollen ja auch Lust haben, zu kommen.
Schreiben Sie bitte den Brief! (Im Brief schreibt man die Anredeformen mit Großbuchstaben. Beispiele für Briefanfang und Briefende finden Sie auch im Kursbuch S. 33.)

(Stadt und Datum)

___*Liebe*___ Nadia,

_____ Marik,

B 1 ↓ B 6   6   Partyvorbereitungen mit Partikeln

1. Vor der Party unterhalten sich Miriam und ihre Freundin Petra.

Ergänzen Sie bitte den Dialog mit den passenden Partikeln!

> Immerhin!   Bloß nicht!   Unbedingt!   Von wegen!
> Eben!   Genau!

M: Ach Petra, kannst du mir ein bißchen bei den
   Vorbereitungen für meine Party morgen helfen?
P: Na klar! Was hast du dir denn vorgestellt?
M: Ich weiß nicht – vielleicht was Warmes?
P: _____! Zu viel Arbeit!
M: Was hältst du vom Pizza-Service? Da könnte ich doch eine Riesenpizza bestellen.
P: _____! Ich hab mal so eine auf einer Party gegessen. Die hat wirklich ganz toll
   geschmeckt. Soll ich vielleicht ein Tiramisu* dazu machen?
M: Ja, _____! Dein Tiramisu ist super! Und was ist mit den Getränken? Soll ich
   Wein und Bier anbieten? Auf der letzten Party hat allerdings niemand Alkohol getrunken.
P: _____! Die meisten trinken doch sowieso am liebsten Fruchtsäfte oder Mineral-
   wasser. Wir könnten ja noch eine Erdbeerbowle machen. – Du Miriam, was ist eigentlich mit dir
   und Jürgen los? Ich hab' ihn schon so lange nicht mehr gesehen. Und früher saß er doch immer
   bei dir herum.
M: Er ist auf Weltreise. Neulich kam eine Postkarte aus Indonesien.
P: Na, _____! – Du hättest doch mit ihm fahren können!
M: _____! Ich muß doch meine Abschlußprüfung vorbereiten! Mehr als eine
   kleine Party zwischendurch ist nicht drin!

* das Tiramisu: italienische Süßspeise, die in Deutschland gern gegessen wird.

2. Spielen Sie bitte den Dialog, und benutzen Sie dabei die folgenden Hilfen!

Ihre Freundin/Bekannte sagt: Das wollen Sie ausdrücken:
– Party – etwas Warmes?   (Sie lehnen das ab.)
– Riesenpizza – Pizza-Service   (Sie sind sehr dafür.)
– Tiramisu? –   (Sie sind sehr dafür.)
– Alkohol? – nur ein wenig   (Das ist auch Ihre Meinung;
    Sie fragen nach dem Freund Ihrer Freundin)

– Postkarte aus ... –   (Sie finden: Das ist besser als nichts,
    aber die Freundin hätte doch mitfahren können.)

– Überhaupt keine Zeit – Prüfung

3. Planen Sie eine Klassenparty. Versuchen Sie, einen gemeinsamen Termin zu finden. Setzen Sie eine Uhrzeit fest, zu der alle da sein sollen. Was soll/kann/muß es zu essen und zu trinken geben? Wer sorgt für die Musik? usw.

7   Hin- und her-Geschichten   B 4

Wo willst du **hin**? – Ich will da hin!/dort hin!   Wo kommst du **her**? – Komm sofort her!
            Ich will da hinein!   Komm sofort herein!
                 hinauf   herauf
                 hinüber   herüber

Schreiben Sie bitte in die Lücken!

1. **Pech gehabt!**

Endlich steht er vor dem Haus. Keine Menschenseele weit und breit. Die Haustür steht offen. Er steigt die Treppe _____, im ersten Stock – eine Tür! Er klopft. Keine Antwort! Vorsichtig öffnet er die Tür und geht _____. Im Zimmer ist es dunkel. Plötzlich eine Stimme: „Kommen Sie ruhig _____, ich habe auf Sie gewartet." Verdammt! Wieder nichts! Er rennt zum Fenster, das offensteht, und springt _____ in den Garten. „Schön, daß Sie von selbst zu uns _____ kommen." Das Haus ist umstellt ...

Erzählen Sie die Geschichte frei, und benutzen Sie dabei das Präteritum: Endlich stand er ...

2. „Schöne Sitten!"

In Bayern gibt es auf dem Land einen alten Brauch*: „das Fensterln". Man sieht gleich, warum man es so nennt.

---
* der Brauch

3. **Nur Mut!**

_____
_____
Ich warte auf dich!

Ich trau mich nicht.
_____
_____!

4. **Wer sagt was?**

In der Umgangssprache benutzt man auch die einfachen Kurzformen:

Wo willst du **hin?** –

Ich will runter, raus, rüber, rein.

Komm runter, raus, rüber, rein!

C 2 8 Wortschatz: Eigenschaften
+
C 3

1. Definieren und beschreiben Sie bitte die guten und die schlechten Eigenschaften! Finden Sie Beispiele!

Man hält die Deutschen für **leistungsstark,** weil ...
Man hält die Deutschen für **romantisch,** weil ...
Man bezeichnet die Deutschen manchmal als **verkrampft,** denn ...
Man hält die Österreicher für **gemütlicher** als die Deutschen, denn

Wer **rechthaberisch** ist, will ...   **Tolerante** Menschen ...
Wer **eingebildet** ist, glaubt ...   **Sensible** Menschen ...
Wer **überheblich** ist, ...   **Geizige** Menschen ...
Wer **pflichtbewußt** ist, ...   **Treue** Menschen ...
Wer **zuverlässig** ist, ...

2. Sammeln Sie in der Klasse (an der Tafel) ein paar Adjektive, mit denen man Menschen/Menschengruppen in Ihrem Land gerne charakterisiert. Definieren Sie diese Eigenschaften mit Wendungen wie:
Man hält ... für ..., denn/weil ... (werden für ... gehalten)
Man bezeichnet ... als ... (werden als ... bezeichnet)

9 „Ossis" und „Wessis": Erste Eindrücke

Ossis = die Ostdeutschen, die ehemaligen DDR-Bürger
Wessis = die Westdeutschen, die Bürger der alten Bundesrepublik

In der Nacht vom 9. auf den 10. November 1989 wurde die Berliner Mauer geöffnet. Seit dem 3. Oktober 1990 sind die beiden deutschen Staaten vereinigt. In den ersten Monaten nach der Vereinigung sind viele Ostdeutsche in den Westen und viele Westdeutsche in den Osten gefahren, um nach vierzig Jahren Trennung Land und Leute kennenzulernen. Dabei sind manche Urteile und Vorurteile entstanden. Das zeigte eine Umfrage des Wochenmagazins DER SPIEGEL aus dem Jahr 1990.

**Was glauben Sie: Was sagten die Ossis über den Westen und die Wessis?
Was sagten die Wessis über den Osten und die Ossis?**

Setzen Sie sich in Gruppen zusammen und versuchen Sie, die folgenden Aussagen nach O (das sagten die Ossis) und nach W (das sagten die Wessis) zu sortieren. Diskutieren Sie Ihre Meinungen und schreiben Sie dann einfach ein O oder ein W in das Kästchen. Danach können Sie die Gruppenergebnisse in der Klasse vergleichen und diskutieren.

☐ Die Menschen leben sehr primitiv und stellen sehr viele Ansprüche*

☐ Es war alles so schön, es gab alles!

☐ Das griechische Essen war gut.

☐ Die Zeit ist dort stehengeblieben.

☐ Die Männer sind sehr nett.

☐ Am Wochenende sind Lokale und Cafés geschlossen.

☐ Dort gibt es viele schön angelegte Spielplätze.

☐ Niemand muß sich anstellen.

☐ Frauen können ganz für die Familie da sein.

☐ Die Frau wird als Sexobjekt dargestellt.

☐ Das Bier war billig, aber schlecht.

☐ Überall gibt es Imbiß- und Trinkstände.

☐ Nach einem Unfall gefiel mir besonders die Freundlichkeit der Polizei.

☐ Sie bilden sich ein, besser und klüger zu sein als wir.

☐ Selbst für die Benutzung des Strands mußten wir Eintritt bezahlen.

☐ Sie tun freundlich und sind in Wahrheit kalt.

☐ Man kann an den Ampeln bei Rot nach rechts abbiegen.

☐ Die Leute rauchen wie die Schlote*.

☐ Jugendliche in den Zügen und auf den Straßen benehmen sich unmöglich.

☐ Drei Leute nehmen einen Arbeitsplatz ein.

☐ Schmutzecken wie bei uns!

---

* Ansprüche stellen: viel fordern / der Schlot: der Schornstein

D 1
↓
D 3

10 Meinungen und Vermutungen

Sagen Sie es bitte anders!

1. Beispiel:
Diese Insel muß als Urlaubsland einfach herrlich sein! →
Ich bin ziemlich sicher, daß diese Insel als Urlaubsland herrlich ist.

Und nun Sie bitte! Benutzen Sie Wendungen wie:
ich glaube/denke/meine – ich habe gehört – ich bin ziemlich sicher – man sagt – ich weiß –
ich weiß ziemlich sicher – man behauptet – ohne Zweifel/zweifellos – wahrscheinlich –

Das Klima soll phantastisch mild* sein!
Dort sollen die Leute wenig arbeiten müssen.
Es soll dort nie eine Armee gegeben haben.
Die Insel muß sich ganz unabhängig entwickelt haben.
Sogar die Krokodile sollen dort zahm sein.
Die meisten Leute müssen ziemlich reich sein.
Es kann nur wenig Armut geben.
Die religiösen Feste müssen faszinierend sein.
...

(Suchen Sie bitte weitere Beispiele!)

2. Es gibt auch Orte, wo Sie nicht hingehen möchten,
weil das Leben dort sehr teuer ist   (haben Sie gehört)
weil es dort zu viel Militär gibt   (wie man weiß)
weil es dort immer regnet   (das wird behauptet)
weil die Leute furchtbar verkrampft sind   (wie Reisende berichtet haben)
...

Suchen Sie weitere Negativbeispiele und sprechen Sie bitte!
Beispiel: Das Leben dort soll sehr teuer sein.

D 1
↓
D 3

11 Nichts als Vermutungen und Spekulationen!

1. Lesen Sie bitte!
Am Abend des 5. Mai verschwand der Direktor der Sarda-Werke, ohne eine Nachricht zu hinterlassen. Die Polizei tappt im dunkeln*.
Folgende Personen wurden von der Polizei befragt: der Nachbar, eine Nachbarin, ein Freund, seine Sekretärin, seine Frau, eine Verkäuferin in der Kofferabteilung eines Kaufhauses,
eine Lufthansa-Angestellte.

Und das haben diese Personen gesagt
(Aus dem Polizeiprotokoll):

Der Nachbar:
„Um fünf Uhr nachmittags hat er noch in seinem Garten gearbeitet."

Eine Nachbarin:
„Ich habe ihn um 17 Uhr 30 im Café Schwarz in der Innenstadt mit einer jungen Frau zusammen gesehen. Die beiden sprachen sehr aufgeregt miteinander. Das ist mir aufgefallen."

---
* mild: nicht zu warm, nicht zu kühl / * im dunkeln tappen: (noch) nichts herausgefunden haben

Der Freund:
„Er hat es mir zwar nicht so deutlich gesagt, aber ich bin sicher, daß er finanzielle Schwierigkeiten hatte, denn in letzter Zeit hat er sich mehrmals Geld von mir geliehen. Natürlich habe ich ihm, ohne nachzufragen, das Geld gegeben. Unter Freunden ist das eine Vertrauenssache.“

Seine Sektretärin:
„Mir ist aufgefallen, daß er seit einigen Tagen sehr nervös war. Er hat auch einige wichtige Termine ausfallen lassen. Ich habe mich sehr darüber gewundert, denn eigentlich ist er die Zuverlässigkeit in Person.“

Seine Frau:
„Ich bin sicher, daß er Probleme in der Firma hatte, denn er kam immer später nach Hause und klagte über zu viel Arbeit. Aber Genaueres hat er mir nicht gesagt.“

Die Verkäuferin, der man ein Foto gezeigt hatte:
„Ja, ich glaube, das ist er. Am Freitag war er noch hier und hat sich einen Koffer gekauft. Er hatte es ziemlich eilig, denn er bezahlte mit einem Tausender, war aber dann schon verschwunden, als ich ihm das Wechselgeld geben wollte. Ich bin mir nicht ganz sicher, daß er es ist, aber ich glaube schon.“

Die Lufthansa-Angestellte:
„Ja, das ist er. Ich erkenne ihn an den Augen. Aber er hatte einen Bart und kaufte ein Ticket nach Rio de Janeiro. Er war nicht allein, ein anderer Mann war dabei, ein jüngerer. Wenn ich jetzt daran denke, fällt mir ein, daß der andere Mann das Ticket gekauft hat und daß der Mann mit dem Bart Angst hatte, ja – er wirkte so – so unruhig – schaute sich immer um – ja, ich bin sicher: er hatte Angst!“

2. Aufgabe:
Sie sind Journalist(in). Durch eine Indiskretion haben Sie das Polizeiprotokoll in die Hände bekommen. Jetzt können Sie den Leserinnen und Lesern Ihrer Lokalzeitung etwas über die Beobachtungen und Vermutungen der befragten Personen berichten.
Finden Sie eine gute **Überschrift,**
schreiben Sie eine kurze einleitende **Zusammenfassung** für die Leser, die wenig Zeit haben, und schreiben Sie dann weiter. Zum Beispiel so:

Seit den Abendstunden des 5. Mai ist ...
Er soll ... (Garten) ...
Eine Nachbarin will ...

(Auf Seite 112 finden Sie dieselbe Nachricht aus einer anderen Zeitung. Vergleichen Sie bitte!)

1

12 Wie soll das enden?

1. Lesen Sie bitte den Text im Kursbuch Seite 18 genau! Notieren Sie dabei alles, was die kleinen Fische lernen, hören, denken, sagen ... !

Die grauen Fische:

Alle grauen Fische haben in der Schule gelernt, daß _____

_____

Jeder graue Fisch weiß, _____

_____

Nur manche grauen Fische mit blauer Brust denken, _____

_____

Nur wenige graue Fische sprechen _____

Die blauen Fische:

Welcher blaue Fisch hat nicht von seinen Eltern gelernt, _____

_____

Und darum mögen blaue Fische _____

Nur einige blaue Fische mit grauem Kopf denken, _____

_____

Einige (blaue) Fische sagen _____

_____

_____

(So ähnlich hört man es natürlich auch von den grauen Fischen:)

Blaue Fische, die _____

_____

_____)

2. So kann es nicht weitergehen: Die Lehrpläne in den Schulen müssen geändert werden, und auch die Eltern müssen ihren Kindern etwas anderes erzählen.
Schreiben Sie einen Text über „eine neue Welt", in der die kleinen Fische ganz andere Dinge lernen, zum Beispiel das:

„Die grauen Fische lernen in der Schule, daß das Graumeer so schön ist wie das Blaumeer." (Oder:
... daß das Graumeer und das Blaumeer sehr schön sind. Oder: ... daß das Graumeer zwar größer ist als das Blaumeer, aber daß beide sehr schön sind. Die blauen Fische lernen von ihren Eltern ...)

13 Determinative und Adjektive: Wiederholung

Adjektivübungen zur Wiederholung finden Sie in den Arbeitsbüchern zu Sprachbrücke 1,
zum Beispiel im deutschen Arbeitsbuch:
Adjektivdeklination Typ 2: Lektion 6, Ü 11, 12, 13
Adjektivdeklination Typ 3: Lektion 6, Ü 14, 15, 32
Adjektivdeklination Typ 1 und 2: Lektion 7, Ü 1, 2
Adjektivdeklination Typ 1, 2, 3: Lektion 7, Ü 27

14   Wie soll das enden? – Adjektivendungen

Wählen Sie bitte ein Adjektivpaar aus und ergänzen Sie damit den Text sinnvoll! Achten Sie auf die Endungen!

grün   klug   gestreift   gelb   schlau

dünn   schwarz   rot   dick   kariert

Alle _____ Fische haben in der Schule gelernt, daß das _____meer ein besseres Meer ist als das _____meer. Jeder _____ Fisch weiß, daß sein eigen____ Meer das größt____ und schönst____ ist, besser als irgendein ander____ Meer. Natürlich glaubt das kein _____ Fisch. Denn welcher _____ Fisch hat nicht von seinen Eltern gehört, daß jene _____ Fische einfach keine gut____ Fische sind? Und darum mögen _____ Fische grundsätzlich keine _____ Fische. Nur einige _____ Fische mit _____ Kopf und manche _____ Fische mit _____ Brust denken, daß zwei klein____ Fische von verschiedener Farbe dieselb____ gut____ Eigenschaften haben können. Aber diese Meinung wird nie laut gesagt. Und nur wenige _____ Fische sprechen mit ein paar _____ Fischen. Das stört aber die meisten _____ und die meisten _____ Fische. Einige Fische sagen:

„_____ Fische, die mit _____ Fischen reden, sind keine richtigen _____ Fische. Am besten ist es, wenn diese _____ Fische nach _____meer schwimmen ...“

15   aha – nanu – so so –

1. Ein Gedicht von Rudolf Otto Wiemer geht so:

Und das sind die Empfindungen (= Gefühle), wenn man das sagt:

empfindungswörter	positiv	positiv erstaunt	negativ	nachdenklich
aha die deutschen	+	+		
ei die deutschen	+	+		
hurra die deutschen	+			
pfui die deutschen			+	
ach die deutschen			+	+
nanu die deutschen		+		
oho die deutschen		+		
hm die deutschen				+
nein die deutschen			+	
ja ja die deutschen				+

Lesen Sie bitte das Gedicht laut, und drücken Sie dabei diese Empfindungen aus. Lesen Sie es ein zweites Mal, und ersetzen Sie dabei „die Deutschen“ durch Ihre Nationalität!

2. Finden Sie Variationen mit passenden Adjektiven: Franzosen/Schweizer ... Leute/Mädchen/
Beamte/junge Leute/Polizisten/Texte/Übungen ...

1. positiv und positiv erstaunt:

aha _so nette_ _____ Texte
ei _so_ _____
oho _so_ _____
hurra _so_ _____
nanu _so_ _____

2. negativ:

nein diese _dummen_ _____ Leute
ach diese _____
pfui diese _____
pfui immer dieselben _____

3. nachdenklich

hm – es gibt schon ein paar _____
hm – es sind eben dieselben _____
ja ja, es gibt wenige _____
ja ja, es gibt eben nur einige _____

16   Zahlwörter und Adjektive: Von „alle" bis „keine"

1. Tragen Sie bitte die Zahlwörter in abnehmender Reihenfolge ein!

100 %   _alle_   _ausländischen_ _____
_____ _____
_____ _____
_____ _____
_____ _____
_____ _____
Null % _keine_ _____

viele
einige
manche
mehrere
wenige
ein paar

2. Bilden Sie bitte Sätze mit der Kombination: Zahlwort – Adjektiv – Substantiv ..., und schreiben
Sie die Adjektive in die Schreiblinien oben.
Beispiel: Ich begrüße alle ausländischen Gäste besonders herzlich.
        Hier gibt es keine ...

3. Ergänzen Sie bitte die Regel:

Bei **alle, manche, keine** hat das Adjektiv ⸗ _____
In den anderen Fällen ⸗ _____

1. mal eben leben

1. Lesen Sie bitte das kleine **Gedicht**! Was wird darin beschrieben?
2. Um was für eine Person geht es? Kann es eine Lehrerin sein?
3. Was bedeutet „mal eben" hier?
4. Schreiben Sie das Gedicht bitte so um, daß es für Sie paßt:
> mal eben aufstehen
> mal eben essen
> ...

Lesen Sie die Gedichte, die Sie geschrieben haben, vor.

5. Versuchen Sie, in dem Gedicht von Ralf Kaiser „mal eben"
in jeder Zeile durch einen anderen passenden Ausdruck zu
ersetzen.

> **mal eben**
>
> mal eben aufstehen
> mal eben essen
> mal eben schule
> mal eben pause
> mal eben schule
> mal eben essen
> mal eben hausaufgaben
> mal eben freizeit
> mal eben fernsehen
> mal eben pinte*
> mal eben schlafen
>
> mal eben leben
>
> Ralf Kaiser

2. Was bedeuten diese **Wendungen?**
Trau schau wem!
Trau keinem über dreißig!

3. Verstehen Sie das? Zu welchem Satz paßt die Zeichnung?

a ☐ Er traut seinem Bruder nicht.

b ☐ Das hat er seinem Bruder nicht zugetraut.

c ☐ Sein Bruder wird heute getraut.

4. Fremdbild – Eigenbild

1. „In einem Ferienort treffen sich Urlauber aus verschiedenen Ländern. In einer gemütlichen Runde
sitzen ein Österreicher, ein Holländer, ein Deutscher und ein Schweizer bei einem Glas Wein zusammen. Man unterhält sich über dies und jenes. Dabei gibt einer von den Vieren sehr an, erzählt lau-
fend, was er alles hat und was er sich leisten kann".

– Wer, vermuten Sie, ist der Angeber?
– Dieselbe Geschichte und dieselbe Frage wurde 1000 Deutschen vorgelegt? Was, vermuten Sie,
haben die Deutschen geantwortet?

2. Dieselbe Geschichte, aber nun sitzt der Deutsche in der gemütlichen Runde zusammen mit
Italienern, Engländern, Franzosen.

– Wer von den Vieren ist der Angeber? Was vermuten Sie?
– Was, vermuten Sie, haben die befragten Deutschen geantwortet?

Lösung zweite Fassung: 52 % der Westdeutschen und 60 % der Ostdeutschen halten auch in dieser Fassung den Deutschen für den
Angeber. Die Umfrage fand im Jahr 1989 statt.)
Die anderen Nationalitäten bekommen höchstens 10 %.
(Lösung erste Fassung: 47 % der Westdeutschen und 75 % der Ostdeutschen halten den Deutschen für den Angeber.

Quelle: FAZ, 19. März 1991

* die Pinte: Kneipe, Bar

1

Lesen und Schreiben

das Spinnrad

das Stroh —

die Spule

1. Die Textabschnitte auf der gegenüberliegenden Seite sind der Anfang eines Märchens der Gebrüder Grimm. (Um welches Märchen es sich handelt, können Sie auf Seite 7 des Kursbuches entdecken.) Leider sind die Abschnitte hier etwas durcheinandergeraten. Wie ist die richtige Reihenfolge? Setzen Sie sich bitte in Gruppen zusammen und finden Sie die richtige Reihenfolge! Numerieren Sie bitte die Textabschnitte!

2. Lesen Sie den Text in der richtigen Reihenfolge erst leise für sich, dann laut vor.

3. Notieren Sie in der folgenden Tabelle die Textelemente, die Ihnen bei Ihren Entscheidungen geholfen haben: Stichworte zum Inhalt, Zeitangaben, Mengenangaben, Satzverknüpfer, zurückverweisende Elemente wie z. B. Pronomen. (Siehe dazu Sprachbrücke 1, L. 10 und Arbeitsbuch zu Sprachbrücke 1, L. 10, S. 44 und S. 50.)

Text-abschnitt	Inhalt	Zeitangaben, Mengenangaben	Satzverknüpfer, zurückverweisende Wörter
1	*armer Müller – schöne Tochter – König: Stroh zu Gold spinnen*	*Es war einmal...*	
2			
3			
4			
5			
6			
7			
8			

☐ Da ging auf einmal die Türe auf, und es trat ein kleines Männchen herein und sprach: „Guten Abend, Jungfer Müllerin, warum weint sie so sehr?" „Ach", antwortete das Mädchen, „ich soll Stroh zu Gold spinnen und verstehe das nicht." Sprach das Männchen: „Was gibst du mir, wenn ich dir's spinne?" „Mein Halsband", sagte das Mädchen. Das Männchen nahm das Halsband, setzte sich vor das Rädchen, und schnurr, schnurr, schnurr, dreimal gezogen, war die Spule voll. Dann steckte es eine andere auf, und schnurr, schnurr, schnurr, dreimal gezogen, war auch die zweite voll; und so ging's fort bis zum Morgen, da war alles Stroh versponnen, und alle Spulen waren voll Gold.

☐ Darauf schloß er die Kammer selbst zu, und sie blieb allein darin. Da saß nun die arme Müllerstochter und wußte um ihr Leben keinen Rat: sie verstand gar nichts davon, wie man Stroh zu Gold spinnen konnte, und ihre Angst ward immer größer, daß sie endlich zu weinen anfing.

☐ Es war einmal ein Müller, der war arm, aber er hatte eine schöne Tochter. Nun traf es sich, daß er mit dem König zu sprechen kam, und um sich ein Ansehen zu geben, sagte er zu ihm: „Ich habe eine Tochter, die kann Stroh zu Gold spinnen." Der König sprach zum Müller: „Das ist eine Kunst, die mir wohlgefällt; wenn deine Tochter so geschickt ist, wie du sagst, so bring sie morgen in mein Schloß, da will ich sie auf die Probe stellen."

☐ Der König freute sich über die Maßen bei dem Anblick, war aber noch immer nicht des Goldes satt, sondern ließ die Müllerstochter in eine noch größere Kammer voll Stroh bringen und sprach: „Die mußt du noch in dieser Nacht verspinnen, gelingt dir's aber, so sollst du meine Gemahlin werden." „Wenn's auch eine Müllerstochter ist", dachte er, „eine reichere Frau finde ich in der ganzen Welt nicht."

☐ Das Mädchen wußte sich nicht zu helfen und weinte, da ging abermals die Türe auf, und das kleine Männchen erschien und sprach: „Was gibst du mir, wenn ich dir das Stroh zu Gold spinne?" „Meinen Ring von dem Finger", antwortete das Mädchen. Das Männchen nahm den Ring, fing wieder an zu schnurren mit dem Rade und hatte bis zum Morgen alles Stroh zu glänzendem Gold gesponnen.

☐ Bei Sonnenaufgang kam schon der König, und als er das Gold erblickte, erstaunte er und freute sich, aber sein Herz ward noch goldgieriger. Er ließ die Müllerstochter in eine andere Kammer voll Stroh bringen, die noch viel größer war, und befahl ihr, das auch in einer Nacht zu spinnen, wenn ihr das Leben lieb wäre.

☐ Als das Mädchen allein war, kam das Männlein zum dritten Mal wieder und sprach: „Was gibst du mir, wenn ich dir noch diesmal das Stroh spinne?" „Ich habe nichts mehr, das ich geben könnte", antwortete das Mädchen. „So versprich mir, wenn du Königin wirst, dein erstes Kind." „Wer weiß, wie das noch geht", dachte die Müllerstochter und wußte sich auch in der Not nicht anders zu helfen; sie versprach also dem Männchen was es verlangte, und das Männchen spann dafür noch einmal das Stroh zu Gold.

☐ Als nun das Mädchen zu ihm gebracht ward, führte er es in eine Kammer, die ganz voll Stroh lag, gab ihr Rad und Haspel und sprach: „Jetzt mache dich an die Arbeit, und wenn du diese Nacht durch bis morgen früh dieses Stroh nicht zu Gold versponnen hast, so mußt du sterben."

4. Welche Wörter stehen in diesem Märchen für:

Frau: _____

Zimmer: _____

Wie haben Sie das herausgefunden?

5. Erzählen Sie die Geschichte mit Hilfe der Stichwörter (in der Tabelle vorn) frei.

6. Der nächste Satz nach dem achten Abschnitt beginnt so:

Und als am Morgen der König kam ...

Versuchen Sie, die Geschichte weiterzuschreiben. (Denken sie daran: Märchen sind im Präteritum geschrieben. Wichtig sind die Zeitangaben, einige haben Sie schon in Ihre Tabelle geschrieben. Weitere Zeitangaben: zu dieser Zeit, schließlich, plötzlich, auf einmal, danach, darauf, einige ... später, am nächsten Tag, in der nächsten Nacht, beim ersten Mal, beim dritten Mal, beim letzten Mal, zum letzten Mal, ...)

7. Lesen Sie sich gegenseitig Ihre Geschichten vor, so wie Sie sie geschrieben haben. Bitten Sie Ihren Lehrer/Ihre Lehrerin, die Geschichte(n), die Ihnen am besten gefällt (gefallen), gemeinsam so zu bearbeiten, daß sie in einer Märchensammlung veröffentlicht werden könnte(n).

$\frac{1}{G}$ ## 19 Typischer Europäer

1. Lesen Sie bitte den Text, und unterstreichen Sie die Angaben zu den Nationalitäten!

Ein typischer Europäer verläßt nach einem Blick auf seine Schweizer Uhr die Niederlassung des US-Konzerns, in der er arbeitet, fährt in seinem französischen Auto nach Hause, zieht seinen Anzug aus (englischer Tweed), das Hemd (Made in Hongkong), die Schuhe (italienisches Fabrikat), schlüpft in eine bequeme Hausjacke (importiert aus Polen), trinkt aus österreichischen Gläsern
5 deutsches Bier oder schottischen Whisky, setzt sich in einen dänischen Sessel, raucht eine Brasil oder stopft sich die Pfeife mit holländischer Tabakmischung, schaltet seinen japanischen Fernsehapparat ein, sieht und hört, wie ein schwedischer Sänger ein spanisches Volkslied trällert, ißt belgische Hähnchen, Tomaten aus ...

2. Machen Sie bitte eine Liste der Produkte, und ergänzen Sie die Adjektive und/oder Herkunftsländer!

| Beispiel: | Schweizer Uhr | *e Schweiz* | |
| | US-Konzern | *Amerika* | *amerikanisch* |

3. Diskutieren Sie bitte in der Klasse, warum bestimmte Produkte mit einzelnen Nationen verbunden werden!

4. Suchen Sie bitte andere Beispiele für Produkte oder Eigenschaften, die bestimmten Ländern zugeordnet werden!

Beispiel:

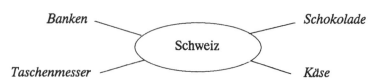

5. Und wie ist das in Ihrem Land?
Schreiben Sie bitte eine ähnliche Geschichte über eine „typische" Frau / einen „typischen" Mann in Ihrem Land/in Ihrer Region!

20   Essen und Trinken

1. Welches Wort paßt nicht?

1. Reis – Nudeln – Mehl – Kartoffeln
2. Kaffeekanne – Zuckerdose– Milchbüchse – Weinglas
3. Messer – Schaufel – Gabel – Löffel
4. Backpulver – Salz – Pfeffer – Zucker
5. Tasse – Teller – Schüssel – Vase
6. Käse – Marmelade – Butter – Quark
7. Mineralwasser – Apfelsaft – Milch – Kaffee
8. Banane – Pflaume – Kirsche – Dattel

2. Zu welchen Beispielen von 1. passen die folgenden Oberbegriffe?

Besteck zu _____

Milchprodukte _____

Beilagen zu _____

Getränke zu _____

Obst zu _____

Gewürze zu _____

Geschirr zu _____

21   Gegensätze ziehen sich an

1. Der eine mag dies, die andere das ... Der andere oder die andere mag das überhaupt nicht!
Sprechen Sie bitte zu zweit oder reihum!
Benutzen Sie Ausdrücke wie:

Ich mag ... Ich liebe ... Mir gefällt/gefallen ... Ich finde schön ... Ich wünsche mir ... Ich habe ... gern	Ich mag es, wenn ... Mir gefällt es, wenn Ich finde es schön, wenn ... Ich wünsche mir, daß ... Ich habe es gern, wenn ...	Mir schmeckt/schmecken ... ... ist für mich das Höchste/ Schönste ...

Beispiele:
● Ich mag ein bißchen Schlamperei.
  Du auch (Sie auch)?

○ Ganz im Gegenteil! Ich mag es, wenn alles ganz ordentlich ist (perfekt organisiert ist).

● Ich mag es, wenn eine Frau selbst-bewußt ist. Sie auch?

○ Ganz im Gegenteil! Mir gefallen schüch-terne und zurückhaltende Frauen viel besser.

Und nun Sie:
● Hohe Berge sind für mich das Höchste!
  Für Sie auch?
  ...

○ Ganz im Gegenteil! ...

2. „Gegensätze ziehen sich an" – Sagt man das in Ihrer Sprache auch?
Oder gilt bei Ihnen das Gegenteil: „Gleich und gleich gesellt sich gern"?

22 Fremdwörter im Deutschen: Genus

Bei den Fremdwörtern gibt es einige Genusregeln, die man lernen kann.
Formulieren Sie bitte die Regel, die die Tabelle unten zeigt.
(Wenn Sie wollen, finden Sie eine Formulierungshilfe auf S. 10 im Lehrbuch.)

Fremdwörter auf _____ und _____ sind maskulinum;

_____ auf _____ und mit _____

am Ende sind neutrum;

_____ auf -ik, -ion, _____

sind _____ .

m	n	f
Kapitalismus Sozialismus	Tabu Kino Konto Taxi Foto	Kritik Grammatik Politik
Ingenieur Friseur (auch: Frisör)	Kompliment Ornament	Inflation Kommunikation
Direktor Motor	Studium Stipendium	Sensibilität Religiosität
	Zentrum Album	Konferenz Konkurrenz
		Phantasie Industrie
		Karriere Barriere
		Natur Karikatur
		Bibliothek Videothek

(Femininformen: die Ingenieurin, Aber: die Pizza Aber: das Stadion, der Spion,
die Friseuse) das Abitur

Beachten Sie:
der Nominativ
der Konjunktiv das Substantiv
das Adjektiv

23 Kontrollaufgaben (Wiederholung)

1. Wie heißen die zusammengesetzten Nomen? Erinnern Sie sich?

1. Er kann sich gut in andere Menschen einfühlen: Er hat viel _____ .

2. Sie weiß, was sie kann und was sie will: Sie hat ein gesundes _____ .

3. Sie kennt ihre Pflichten. Sie hat ein starkes _____ .

4. Er kann sich leicht anpassen: Seine _____ ist groß.

5. In der Schule lernen die Kinder, kritisch zu sein. _____ ist ein wichtiges Lernziel.

6. Sie ist immer bereit zu helfen. Ihre _____ ist bekannt.

7. Er ist in sich selbst verliebt, kann sich schlecht auch mal kritisieren: _____ ist für ihn ein Fremdwort.

2. Welche Partikel paßt? Ergänzen Sie bitte!

> na ja   eben   nämlich   immerhin   bloß nicht   na ja   von wegen   unbedingt   bloß nicht   nämlich   immerhin   eben   gerade   genau

Dick und Doof

Doof: He, was ist mit dir los? Warum hörst du auf?

Dick: Ich hab' keine Lust mehr, ich hab' _____ für heute genug gearbeitet. Ich ruh' mich jetzt ein bißchen auf dem Sofa aus.

Doof: Leg dich _____ auf mein Sofa. Weißt du eigentlich, wieviel du wiegst?

Dick: _____ , dann _____ nicht. *(legt sich auf den Boden)*

Doof: Ich glaube, ich muß _____ einen starken Kaffee trinken. Sonst schlafe ich auch gleich ein.

Dick: Aber wir haben doch _____ erst einen getrunken.

Doof: _____ , da hast du schon recht, aber _____ haben wir die ganze Zeit hart gearbeitet.

Dick: _____ ! Du hast ja die meiste Zeit aus dem Fenster geschaut!

Doof: Sag das _____ noch einmal, sonst kannst du _____ alleine weitermachen. _____ sind wir doch fast fertig.

Dick: Also gut, wenn du meinst, dann gehen wir _____ einen Kaffee trinken.

Doof: _____ ! Das ist meine Rede seit gestern.

3. Hinaus – Heraus?

Was ist richtig? Was ist falsch? Streichen Sie das falsche Wort einfach aus!

Man steht auf.
Man steigt aus dem Bett hinaus/heraus.
Man geht in das Badezimmer hinein/herein.
Man wäscht sich – oder auch nicht.
Man kommt aus dem Badezimmer hinaus/heraus.
Man geht in die Küche hinein/herein.
Die anderen sind schon da und sagen:
„Komm hin/her, setz dich und iß!"
Man läuft zur Bushaltestelle.
Aber der Bus ist schon weg.
Man kommt gerade noch pünktlich zur Arbeit.
Die Kollegen sind schon im Büro.
„Nur hinein/herein!" sagen sie
und wünschen einen guten Morgen.

A 1
↓
A 3

1 Steckbriefe schreiben

Hier gibt es verschiedene Möglichkeiten. Wählen Sie bitte, was Ihnen am besten gefällt:
Jede/r nimmt ein Blatt Papier und
– schreibt einen Steckbrief über sich selbst oder:
– schreibt einen Steckbrief über eine bekannte Persönlichkeit oder:
– schreibt einen Steckbrief über jemanden in der Klasse.

Steckbrief

Name: ...		Alter: ...
Haare: Art: ...	Farbe: ...	Gesichtsform: ...
Augen: Farbe: ...	Brille: o ja o nein	Bart: o ja o nein
Größe: ca. ...	Gewicht: ca. ...	Gestalt: ...
Besondere Kennzeichen: ...		
Besondere Fähigkeiten: ...		

Die Steckbriefe werden an der Wand aufgehängt. Dann raten alle gemeinsam: Wer ist das?
(Derjenige, der den Steckbrief geschrieben hat, sagt natürlich nichts.)

A 1
↓
A 3

2 Wortkombinationen mit Körperteilen

Wie können die Körperteile mit den Bildern zu neuen Wörtern kombiniert werden?
Beispiel: Nasentropfen (manchmal gibt es auch mehrere Lösungen).
Versuchen Sie es, und überprüfen Sie Ihre Ergebnisse und die Wortbedeutungen mit Hilfe des
Wörterbuchs.

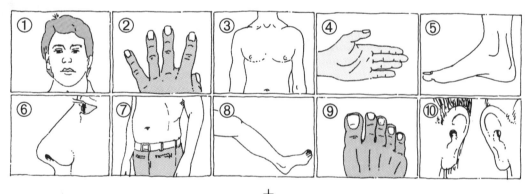

+

3 Was ist denn hier los?

A 1
↓
A 3

1. Schreiben Sie bitte!

Er hat Zahnschmerzen. | *Ihm tut* | *Ihr*

2. Spielen Sie bitte „Schmerzen" in der Klasse!
Fragen und antworten Sie bitte: Was ist denn mit Ihnen los? – Ich habe .../Mir tut ...)

4 Noch mehr Redewendungen

A 1
↓
A 3

In der deutschen Sprache gibt es viele idiomatische Redewendungen mit Körperteilen, mit Kopf –
Hand – Fuß – Auge – Magen – usw.

1. Ordnen Sie bitte die Erklärung (rechts) der passenden Redewendung (links) zu. Wie heißen die
entsprechenden Ausdrücke in Ihrer Muttersprache?

Redewendungen

1 Er hat zwei linke Hände.
2 Die Sache hat Hand und Fuß.
3 Er hat wohl kalte Füße bekommen.
4 Er hat im Moment sehr viel um die
   Ohren.
5 Wir sollten Hand in Hand arbeiten.
6 Lügen haben kurze Beine.
7 Das paßt wie die Faust aufs Auge.
8 Liebe geht durch den Magen.
9 Die Sache liegt mir im Magen.
10 Deine Augen waren größer als dein
   Magen.

Bedeutung

a Er ist sehr beschäftigt, hat viel zu tun.
b Etwas paßt überhaupt nicht zusammen,
   gehört nicht zusammen.
c Du hast dir mehr auf den Teller gelegt,
   als du essen kannst.
d Etwas ist gut überlegt, gut durchdacht.
e Aus Angst davor, in eine unangenehme
   Situation zu kommen, hat er das Projekt
   zurückgegeben.
f Etwas bedrückt einen, macht einem
   Sorgen.
g Zusammen arbeiten, etwas gemeinsam
   tun.
h Er ist sehr ungeschickt, kann nichts
   reparieren und erledigen.
i Man erhält sich die Liebe des (Ehe)Man-
   nes (der Ehefrau?), wenn man etwas
   Gutes kocht.
j Die Wahrheit zeigt sich schnell.

1	2	3	4	5	6	7	8	9	10
h									

2. Welche typischen Ausdrücke mit Körperteilen gibt es in Ihrer Sprache? Nennen Sie bitte
Beispiele!

A 1
↓
A 3

📖

5 Entspannungsübungen*

Wer viel sitzt, bekommt oft Rücken- und Schulterschmerzen. Dann helfen Entspannungsübungen. Einige der folgenden Übungen können Sie gemeinsam in der Klasse machen, andere sind für Sie zu Hause: Jeden Morgen zehn Minuten bei geöffnetem Fenster. Also los!

1. Die Zeichnungen helfen Ihnen, die Übungsbeschreibungen zu verstehen. Aber welche Zeichnung gehört zu welchem Text?

Zeichnung	1	2	3	4	5	6
Übungsbeschreibung						

A
Aus der Rückenlage die Beine so hoch heben, daß Sie auf den Schultern liegen. Die Arme können die Hüfte abstützen. Mit viel Übung kann man fünf Minuten in dieser Stellung bleiben.

B
Aus der Rückenlage Beine hochheben, und in der Luft drei Minuten radfahren. Diese Zeit täglich etwas verlängern. Beine ausstrecken und versuchen, mit den Zehen hinter dem Kopf den Boden zu berühren. Zählen Sie in dieser Position bis zehn, dann bringen Sie die Beine wieder zurück.

C
Gerade hinstellen. Die Füße mit den Zehen nach außen bilden einen rechten Winkel. Einen Fuß einen halben Meter zur Seite stellen. So weit wie möglich in die Knie gehen, dabei den Rücken gerade halten. Bis fünf zählen und wieder strecken. Fünfmal wiederholen.

* sich entspannen, die Entspannung

(5)

D

Legen Sie sich auf den Bauch, die Arme anwinkeln; die Hände seitlich neben der Brust aufstützen. Kopf und den Oberkörper heben, und die Füße gegen den Boden pressen. Bis zehn zählen und den Oberkörper dann langsam wieder senken. Dreimal wiederholen.

E

Gerade hinstellen, ein Bein gestreckt etwas hochheben. Zehen hochziehen. Das gestreckte Bein schwingt fünfmal hoch und nieder, beschreibt in der Luft fünf Kreise nach außen und nach innen und kommt wieder zum Stehen. Mit dem anderen Bein dieselbe Bewegung. Wiederholen Sie die Übung einige Male.

F

Beine 60 Zentimeter auseinanderstellen und in die Hocke gehen*. Die Füße bleiben auf dem Boden. Mit den Armen unter den Knien durchgreifen. Die Hände greifen in den Nacken und ziehen den Kopf zwischen die Knie.

(6)

2. Wenn Sie ein paar Übungen in der Klasse machen:
a) Ein/e Kursteilnehmer/in liest je eine Übungsanweisung. Die anderen machen die Übung.
b) Versuchen Sie, die Übungsanweisungen nur mit Hilfe der Zeichnungen zu geben.

3. **Wortschatz:** Was man bei diesen Entspannungsübungen mit dem Körper und den Körperteilen machen soll.
Suchen Sie bitte die entsprechenden Ausdrücke in den Übungsbeschreibungen und schreiben Sie!

Man soll:

den Fuß *zur Seite stellen* _____

in die Knie _____

in die Hocke _____

die Hände _____

ein Bein _____

die Beine _____

die Arme _____

mit den Zehen den Boden _____

Kopf und Oberkörper _____

den Oberkörper _____

den Kopf zwischen die Knie _____

die Beine 60 Zentimeter _____

den Rücken _____

mit den Armen unter den Knien *durch* _____

4. Kennen Sie noch andere Entspannungsübungen? Stellen Sie ein Programm zusammen, machen Sie Zeichnungen dazu, geben Sie sich gegenseitig die Anweisungen.

_____
* in die Hocke gehen

Architektur (fakultativ)

1. Auch in der europäischen Architektur kann man die Kunstepochen deutlich unterscheiden. Versuchen Sie, diese Gebäude* den Epochen zuzuordnen. Schreiben Sie die Bildnummern in die entsprechenden Kästchen!

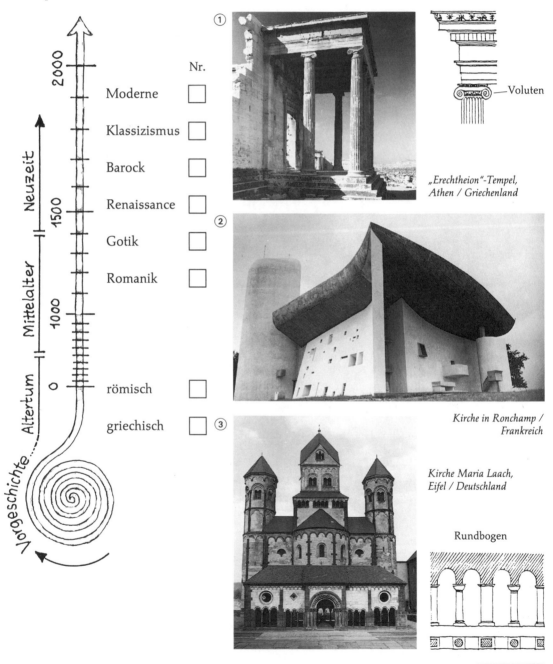

Nr.

Moderne ☐

Klassizismus ☐

Barock ☐

Renaissance ☐

Gotik ☐

Romanik ☐

römisch ☐

griechisch ☐

Voluten

„Erechtheion"-Tempel,
Athen / Griechenland

Kirche in Ronchamp /
Frankreich

Kirche Maria Laach,
Eifel / Deutschland

Rundbogen

* das Gebäude

2. **Informationen erfragen:** In welchem Jahrhundert?

a) Sprechen Sie bitte mit Ihrer Nachbarin/Ihrem Nachbarn. Sie arbeiten mit dieser Seite. Ihre Nachbarin/Ihr Nachbar arbeitet mit Seite 41.
Sie fragen, Ihr/e Nachbar/in antwortet. Wechseln Sie nach vier Fragen die Rollen.
Beispiel:

Frage: In welchem Jahrhundert wurde der Tempel „Erechtheion" in Athen gebaut?

Antwort: Im _____ Jahrhundert. (Im _____ und im _____ Jahrhundert,
genauer von _____ bis _____)

(der Tempel, die Kirche, der Dom, der Zwinger, das Amphitheater, das Schauspielhaus)

b) Wenn Sie in Ihrem Land eine andere Zeitrechnung haben, dann drücken Sie diese Daten bitte auch in Ihrer Zeitrechnung aus.

④

Dom, Florenz / Italien

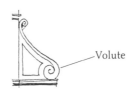
Volute

⑦

Amphitheater, Nîmes / Frankreich

Zwinger, Dresden / Deutschland

⑤

Stephansdom, Wien / Österreich

⑧

Spitzbogen

Schauspielhaus, Berlin / Deutschland

⑥

3. Wie heißen die **Adjektive** zu den Kunstepochen? Ergänzen Sie bitte!

	Adjektiv		Adjektiv
die Moderne	_____	die Renaissance	✕
der Klassizismus	*klassizistisch*	die Gotik	_____
das Barock	*barock*	die Romanik	_____
		(das alte Rom)	_____
		(das alte Griechenland)	_____

4. **Wortschatz: Adjektive (Wiederholung)**

Arbeiten Sie bitte in Gruppen! Ordnen Sie die folgenden Adjektive den Architekturstilen zu.
Dasselbe Adjektiv kann zu mehreren Stilen passen. Diskutieren Sie unterschiedliche Meinungen,
und verwenden Sie bei dieser Diskussion Ausdrücke wie:
Ich finde ... / Auf mich wirkt ... / Ich halte ... für / Für mich ist ...

einfach   rund   prächtig   originell   fein

leicht   modern   spitz   kühl   lebendig

gebogen   gerade   kitschig   klassisch   ruhig   eckig

bewegt   elegant   repräsentativ   funktional

steif*   zierlich   übertrieben

nüchtern   streng   weich   klar

einheitlich   unruhig

Moderne: _____

Klassizismus: _____

Barock: _____

Renaissance: _____

Gotik: _____

Romanik: _____

Altertum (römisch): _____

Altertum (griechisch): _____

5. Sie wollen einem deutschen Besucher/einer deutschen Besucherin die wichtigsten Architektur-
epochen Ihres Landes erklären. Sammeln Sie verschiedene Abbildungen für eine Collage, und schreiben Sie entsprechende Erklärungen (Bezeichnungen) zu den Abbildungen. Welche deutschen Bezeichnungen passen? Benutzen Sie bitte ein Wörterbuch! Für welche Begriffe gibt es keine deutsche
Entsprechung?

---

* steif

7   Andere Länder – Andere Ideale – Andere Normen

In Deutschland gilt ein Mann als höflich, wenn er einer Frau in den Mantel hilft, er gilt als unhöflich, wenn er sie einen schweren Koffer tragen oder sie außen am Straßenrand gehen läßt (ein vorbeifahrendes Auto könnte sie schmutzig machen). Kinder gelten als schlecht erzogen*, wenn sie ihren Sitzplatz nicht für ältere Leute frei machen (z. B. in der Straßenbahn). Allerdings muß man heute schon fast sagen: ein Mann galt..., Kinder galten..., denn viele dieser Sitten gelten nicht mehr allgemein. Seit der Frauenemanzipation in den letzten zwanzig Jahren lassen sich viele Frauen nicht mehr in den Mantel helfen – also hören viele Männer ganz damit auf. Viele Eltern sagen ihren Kindern nicht mehr, daß sie älteren Menschen ihren Sitzplatz anbieten sollen – also tun die Kinder es auch nicht mehr.

1. Wie ist es bei Ihnen? Was gilt? Was gilt noch? Was gilt nicht mehr?
Sprechen Sie und schreiben Sie Beispiele: Eine Frau / Ein Mann gilt als ..., wenn ... . / Beamte gelten als ..., wenn ...

Ein Mann/Eine Frau:	**Kinder/Jugendliche:** (Mädchen/Jungen:)	**Beamte:**	**Touristen:** (Ausländer:)
(un)höflich, erfolgreich, (un)moralisch, klug, stolz, (un)männlich, (un)weiblich, mutig, heiratsfähig, hilfsbereit, kollegial, fleißig, faul, dumm, reich, beliebt ...	gut/schlecht erzogen, (un)höflich, frech*, erwachsen, intelligent, dumm, hilfsbereit ...	(un)höflich, mutig, fähig, engagiert, fleißig, faul, korrekt, freundlich ...	(un)korrekt, reich, (un)erwünscht, (un)höflich, gern gesehene Gäste ...

2. Sehen Sie sich bitte die Gesten in E 1, Kursbuch Seite 36, an! Diskutieren Sie bitte: Welche dieser Gesten gelten (in Deutschland/in Ihrem Land) als unhöflich? Welche machen in Deutschland wahrscheinlich/Ihrer Meinung nach nur Männer/Männer und Frauen/nur Frauen?
Gibt es bei Ihnen auch typische Männer- und typische Frauengesten? Welche?

„Typische" Frauengesten. Auch bei Ihnen?

Bei Lachen die Hand vor den Mund
(Bedeutung: Zurückhaltung, Scham)

Haare glatt streichen, obwohl sie nicht unordentlich sind (Bedeutung: Verlegenheit, und besorgter Gedanke: Ist an mir auch wirklich alles in Ordnung?)

---

* erziehen, erzog, erzogen / frech

C 2 8 Wochenende – Sonnenschein?: lassen

Nehmen Sie bitte das Kursbuch Seite 30/31! Welche Bedeutungen von „lassen" können Sie im folgenden Text erkennen? Kreuzen Sie bitte an!

	1.	2.	3.	4.

<u>Laß dir mal erzählen</u>, wie unser letztes Wochenende verlief. Wir wollten aufs Land fahren, aber das Auto war so schmutzig, daß meine Mutter meinen Vater bat, es vor der Fahrt erst noch <u>sauber machen zu lassen</u>. Die Reise fing schon nicht gut an, denn ich wollte vorn sitzen und mein Vater <u>ließ mich</u> nicht, weil er mit Mutter reden wollte. In Seestadt wollte ich gleich ins Wasser springen, aber mein Vater war schlechter Laune und sagte: „<u>Laß das bitte</u>, zuerst machen wir einen Spaziergang!" Weil es ziemlich langweilig war, störte ich meine Eltern dauernd: <u>Ich ließ sie</u> nicht in Ruhe und machte dumme Bemerkungen, bis mein Vater plötzlich schrie: „Kannst du uns nicht einmal fünf Minuten miteinander reden <u>lassen</u>?" Endlich kamen wir im Café Bergblick an, aber da begann der Ärger schon wieder. Ich wollte unbedingt ein großes Eis haben, aber meine Mutter sagte: „Das ist zu teuer! <u>Laß uns</u> lieber zu Hause Eis <u>essen</u>!" Na ja! Schließlich kam ich dann doch noch zum Baden, mein Vater <u>ließ mich</u> sogar Fußball spielen, aber die Rückfahrt war dann wieder eine einzige Katastrophe. Auf der Landstraße fuhr mein Vater so schnell, daß ich ein paar Mal bat: „<u>Laß doch</u> bitte Mutti fahren!" Aber er wollte nicht hören. Er hat eben seinen Stolz! Als wir endlich wieder zu Hause waren, sagte meine Mutter: „Das nächste Mal <u>laßt ihr mich</u> bitte zu Hause!" Und ich? Mich fragt niemand! Da kann ich nur sagen: „<u>Laßt mich in Frieden!</u>"

C 2 9 Sagen Sie es mit „lassen"

1. In den folgenden Sätzen ist der Gebrauch von „lassen" üblich: Das wirkt oft natürlicher. Schreiben Sie bitte!

1. Ich war beim Frisör, und er hat mir die Haare geschnitten.

Ich habe mir beim Frisör die Haare schneiden lassen.

2. Du kannst die Pizza auch bei einem Party-Service bestellen. Sie wird dann ins Haus gebracht.

Du kannst dir die Pizza

3. Ihre Eltern erlauben nicht, daß sie in die Disco geht.

4. Ich habe meine Schlüssel auf den Tisch gelegt und dort vergessen.

5. Mein Vater will nicht, daß ich mit seinem Auto fahre.

6. Das Fenster kann nicht geöffnet werden.

_____

7. (Mach die Tür auf), ich will raus.

_____

8. Hör endlich mit dem Rauchen auf.

_____

9. (Ich wasche meine Hemden nie selbst.) Ich gebe sie in eine Wäscherei zum Waschen und Bügeln*.

_____

2. Schreiben Sie bitte sinnvolle Ergänzungen! Die kleingedruckten Hinweise helfen Ihnen dabei.
Benutzen Sie immer Ausdrücke mit „lassen"! Achten Sie auch auf sinnvolle Anschlüsse wie
„Deshalb", „Bitte", „aber" usw.

Beispiel:
Wo gehst du hin? – Zum Fotografen! *Ich muß Paßfotos machen lassen.*
(Paßfotos)

Und nun Sie bitte!

1. Geh nicht fort! _____
(nicht allein!)

2. Meine Schuhe sind kaputt. _____
(reparieren)

3. Du rauchst ja schon wieder im Bett! _____
(nicht!)

4. Ich brauche keine Hilfe! _____
(alleine machen)

5. Ihre Tochter ist krank. _____
(Arzt kommen)

6. Erkennen Sie mich nicht mehr? _____
(nur Haare gefärbt)

7. Stör mich nicht! _____
(arbeiten)

8. Das schaffst du niemals allein! _____
(dir helfen)

9. Was meinen Sie? Meine Tochter ist erst sechzehn. *Soll ich* _____
(mit Freund allein nach Südfrankreich)

10. Ihr redet die ganze Zeit. _____
(ich auch mal)

11. Ayse möchte auch mit auf die Klassenreise, _____
(ihr Vater: nein!)

12. Der Obstsalat sieht ja toll aus! _____
(probieren)

13. Wie soll ich richtig Auto fahren lernen? _____
(Du sagst: nein!)

14. Die Löhne in der Bundesrepublik sind ziemlich hoch. _____
(Viele Firmen im Ausland produzieren)

_____

* bügeln

D 3 10 Der fliegende Robert: Briefe schreiben

Alternativen:

a) Wenn Sie keine Textvorgaben benutzen wollen: Betrachten Sie die Bilder, und machen Sie die Aufgaben unten nur mit Hilfe der Bilder.

b) Wenn Sie lieber Textvorgaben benutzen wollen: Betrachten Sie die Bilder und lesen Sie den folgenden Text. Machen Sie dann die Aufgaben unten.

In Ihrer Nachbarschaft ist etwas Seltsames passiert:

Vor einigen Tagen gab es ein heftiges Gewitter mit starkem Wind. Alle Leute blieben in den Häusern und warteten, daß das Gewitter vorübergeht.

Ein Junge aus Deutschland, der in der Nachbarschaft zu Besuch war, wollte aber nicht im Haus bleiben, sondern ging mit dem Regenschirm im Gewitter spazieren. Sie standen am Fenster und dachten: „Na, wenn das nur gut geht!" Plötzlich wurde der Schirm des Jungen vom Wind gepackt, und der Junge wurde in die Höhe getragen. Der Junge lachte und schrie vor Vergnügen. Er flog immer höher und höher, immer weiter und weiter und verschwand schließlich in den Wolken.

Seitdem hat man nichts mehr von ihm gehört.

Aufgabe:

Arbeiten Sie bitte in Gruppen! Jede Gruppe schreibt einen Brief, in dem sie über dieses Ereignis berichtet.

– **Gruppe 1** schreibt an den Polizeipräsidenten mit der Bitte, nach dem Jungen suchen zu lassen.

– **Gruppe 2** schreibt an einen Brieffreund und erzählt ihm die Geschichte.

– **Gruppe 3** schreibt an eine psychologische Beratungsstelle und fragt, was man tun kann, damit so etwas nicht mehr passiert.

– **Gruppe 4** schreibt an die Eltern des Jungen (Herr und Frau Hoffmann) und sagt ihnen, daß man alles tun wird, um ihn wiederzufinden.

Lesen Sie die Briefe in der Klasse vor!

11   Allein in einer fremden Stadt: Indefinite Pronomen

Ergänzen Sie bitte die indefiniten Pronomen!

1. Man fährt in eine fremde Stadt und weiß nicht wo _____ essen und schlafen wird, und was _____ dort erwartet. 2. Viele Gedanken gehen _____ durch den Kopf und _____ fühlt sich unsicher.

3. Dann kommt _____ an, und alles ist anders, als _____ es sich vorgestellt hat.

4. _____ steigt in ein Taxi und schon erfährt _____ das Wichtigste:

5. Wo _____ gut ißt und wo _____ interessante Leute kennenlernen kann, in welchem Hotel _____ noch die Schuhe geputzt und die Hemden gewaschen werden und wo die größten Abenteuer auf _____ warten.

6. Und wenn man dann aus dem Taxi steigt, fühlt _____ sich gar nicht mehr so fremd, und es fällt _____ auf, wie freundlich _____ die Leute begrüßen und alles kommt _____ bereits ein bißchen bekannt vor.

12   „Scheinen" und „brauchen" scheint man oft zu brauchen

1. scheinen, der Schein

a) Die Sonne scheint. Im hellen Schein des Lichts fanden sie den Weg. (= leuchten, Glanz)
b) Du scheinst viel Zeit zu haben. (= Vermutung)
c) Seit seiner Heirat ist er viel ruhiger geworden. – Es scheint nur so. Das ist doch nur Schein.
(= Es sieht nur so aus, es wirkt nur so. In Wirklichkeit ist es nicht so.)

Welche Bedeutung hat „scheinen" in den folgenden Sätzen? Ordnen Sie bitte zu:

Gespräch bei Nacht

	1.	2.	3.	4.	5.	6.	7.	8.	9.
a)									
b)									
c)									

1. Viele Leute sind unterwegs. Sie scheinen alle in dieselbe Richtung zu gehen.
2. Guck mal, wie schön der Mond scheint!
3. Du scheinst müde zu sein. Gehen wir nach Hause?
4. Nein, das scheint nur so. Ich bin nicht müde. Laß uns weitergehen!
5. Siehst du den hellen Schein da vorn?
6. Ja, da scheint ein Fest zu sein.
7. Oh, die Lichter sind weg! Wir scheinen zu spät zu kommen.
8. Das scheint nur so. Hör doch die Musik! Jetzt geht's erst richtig los.
9. Du scheinst recht zu haben.

2. brauchen

a) Wir brauchen eure Hilfe. (brauchen + Akk.: = etwas/jdn nötig haben)
b) Sie brauchen nur etwas zu sagen, dann helfen wir Ihnen gern. (brauchen + zu: = müssen nur/ nicht/nichts …)

Welche Bedeutung hat „brauchen" in den folgenden Sätzen? Ordnen Sie bitte zu:

Mutter ist krank

	1.	2.	3.	4.	5.	6.
a)						
b)						

1. Heute brauchen die Kinder nicht zur Schule zu gehen.
2. Aber ihre Mutter braucht ihre Hilfe, denn sie ist krank.
3. Sie braucht Milch, Brot und Obst vom Supermarkt.
4. Der Supermarkt ist gleich um die Ecke, die Kinder brauchen nicht weit zu gehen.
5. Die Mutter braucht einen Termin beim Arzt.
6. Sie braucht nur bei ihrem Hausarzt anzurufen, dann bekommt sie sofort einen Termin.

D 5 **13** **Und noch einmal: scheinen**

1. Schreiben Sie bitte die Sätze weiter, und benutzen Sie dabei das Verb „scheinen"!
Beispiel:
In den letzten Tagen habe ich dich mehrmals angerufen, aber du warst nie da.
Du scheinst viel unterwegs zu sein.
(viel unterwegs?)

1. Ich höre Schritte vor dem Haus. _____
(Wahrscheinlich kommt Franz.)

2. Unser Nachbar hat sich einen Mercedes 500 SL und ein Haus gekauft.

_____
(Vermutlich hat er im Lotto gewonnen.)

3. Komm, wir baden im See. _____
(Das Wasser wirkt sauber.)

4. Peter ist noch nicht da. _____
(Hat der Zug vielleicht Verspätung?)

2. **Was vermuten Sie? Schreiben Sie bitte!**

1. Evas Freund schläft im Kino immer ein. – _____

2. Er fährt jedes Jahr nach Afrika in Urlaub. – _____

3. Die neue Schülerin sagt kein Wort. – _____

4. Frau Müller wird immer dünner. – _____

5. Peter und Ulla machen alles zusammen. – _____

D 5 **14** **Ratschläge: brauchen ... zu**

Ein Freund (oder eine Freundin) ist ganz unzufrieden mit sich selbst und klagt: „Ich bin zu dick, es geht mir schlecht, ich bin immer müde, unzufrieden, nichts macht mir Spaß, meine Schultern, mein Rücken, alles tut mir weh –"
Sie können einige gute Ratschläge geben. Zum Beispiel: Du brauchst nur weniger zu rauchen.
Benutzen Sie bei Ihren Ratschlägen: weniger, mehr, nicht so viel, öfter, jeden Tag...

15 Was braucht der Mensch zu seinem Glück? D 5

Schreiben Sie bitte, und lesen Sie dann Ihre Texte vor!

1. Was ich brauche, um glücklich zu sein:

Ich brauche

_____

_____

_____

_____

Ich brauche (kein/nicht viel/wenig)

_____

_____

_____

_____

2. Um dich zu lieben ...

Du brauchst nicht schön zu sein,
Du brauchst kein Schloß zu besitzen,
Du brauchst

_____

_____

_____

_____

Du brauchst mich nur ein wenig zu verstehen.

16 „brauchen" und „gebrauchen" D 5

a) brauchen: nötig haben   b) brauchen ... zu: müssen   c) gebrauchen: benutzen, verwenden

1. Überlegen Sie bitte: Um welche Bedeutung handelt es sich in den folgenden Beispielsätzen?

1. Man braucht dich nur anzusehen, um zu wissen, 2. daß du Urlaub brauchst 3. Ja, das stimmt. Ich bin zu nichts mehr zu gebrauchen: 4. Ich habe drei Tage für diese Arbeit gebraucht. – 5. Die Flüchtlinge brauchen dringend 6. gebrauchte Kleider und Schuhe . – 7. Ich bringe dir die Bücher zurück: Ich habe sie nicht gebraucht. – 8. Du brauchst dich nicht zu schämen, 9. wenn du mal Hilfe brauchst. – 10. Er hat schnell ein Auto gebraucht, 11. da hat er sich eben einen Gebrauchtwagen gekauft.

2. Finden Sie bitte weitere Beispiele: gebrauchte Möbel, ...

Zu Aufgabe 6: Kunstepochen in Europa (S. 32/33)

Sie antworten auf die Fragen Ihrer Nachbarin/Ihres Nachbarn. Hier sind die Informationen:
1. Der Tempel „Erechtheion": um 420 v. Chr. (im 5. Jahrhundert vor Christus)
2. Die Kirche „Notre-Dame-du-Haut" in Ronchamp (erbaut von Le Corbusier): 1955
3. Die Kirche „Maria Laach" am Laacher See in der Eifel: 1093 – 1220
4. Der Dom „Santa Maria del Fiore" in Florenz: 1296 – 1436
5. Das Amphitheater in Nîmes, Frankreich: um 120 n. Chr.
6. Das Schauspielhaus in Berlin (erbaut von Schinkel): 1814 – 1824
7. Der Zwinger in Dresden: 1709 – 1722
8. Der Stephansdom in Wien: etwa 1350 – 1450

(Europäische Zeitrechnung: v. Chr. = vor Christi Geburt, n. Chr. = nach Christi Geburt)

1. **Ist das wirklich so**?

Er ist an gebrochenem Herzen gestorben.
Das bereitet mir Kopfzerbrechen.
Mir sitzt die Angst im Nacken.
Sie hat die Nase voll.
Da bleibt einem die Luft weg!

2. Was bedeuten die **Sprüche**:

Kühl sei der Kopf, der Fuß sei warm,
das macht den reichsten Doktor arm.

    Lange Haare – Kurzer Verstand

Schönheit muß leiden.

3. Was sehen Sie auf diesem Bild?
Beschreiben Sie bitte, was Sie sehen!

4. Wie heißt die deutsche **Redewendung**?
Was glauben Sie? Diskutieren Sie bitte!

Lieber Schein als Sein.
oder
Lieber Sein als Schein.

5. Arbeiten Sie bitte in Kleingruppen:
Jede Gruppe wählt ein Sprichwort oder eine
Redewendung (rechts) und denkt sich eine Situation und einen entsprechenden Dialog dazu
aus. Jede Gruppe spielt ihre Situation vor, ohne
dabei die Wendung auszusprechen. Die
anderen raten, welche Wendung paßt.

a) „Laß dir nur kein X für ein U vormachen!"
b) „Ich werde dich nicht im Stich lassen."
c) Von nun an ließ er ihr freie Hand.
d) Heute wollen wir mal was springen lassen.
e) kein gutes Haar an jemandem lassen
f) Die Katze läßt das Mausen nicht.
g) Wir lassen uns nicht für dumm verkaufen.

18 Lesetechnik: Wörter aus dem Kontext erschließen

In einem neuen Text findet man meistens Wörter, die man nicht kennt. Viele Wörter kann man aus dem Kontext erschließen. Aber wie? Diese Übung zeigt einen Weg.

In der Geschichte vom Regenwurm fehlt ein Wort. Es ist ein Schlüsselwort des Textes und kommt sogar sechsmal vor.

1. Lesen Sie den Text bitte erst einmal ganz durch!

Die Geschichte vom Regenwurm

Es war einmal ein Regenwurm, der war sein ganzes Leben lang _____ . Kaum hatte ihn seine Mutter auf die Welt gebracht, war er schon _____ . Man merkte es an seiner unlu-
5 stigen Art, daß ihm etwas fehlte. Der Wurm-doktor kam mit seinem Köfferchen gekrochen und fühlte ihm den Puls.
„Was fehlt ihm?" fragte die Mutter ängstlich.
„Er ist _____ ", sagte der Wurmdoktor und
10 machte ein besorgtes Gesicht. Die Mutter wickelte ihn in warme Sauerampferblätter ein und brachte ihm Schneckenleim. Aber der Regenwurm blieb _____ und zeigte keine Lebensfreude. Wenn die anderen Würmer
15 spielen gingen, lag er _____ in seinen Sauer-

ampferblättern unter der Erde, er wußte nicht einmal, was Sonne und Regen ist. Er blieb auch _____ , als er größer wurde. Nie verließ er sein Plätzchen unter der Erde, sondern lag immer in seinen Sauerampferblättern und aß 20 traurig seinen Schneckenleim. Drum wurde er auch nie von einer Amsel gefressen wie fast alle seine Kameraden und blieb die längste Zeit am Leben.
Aber sagt mir selbst – ist das ein Leben? 25

Franz Hohler

Haben Sie schon eine Vermutung, wie das fehlende Wort heißt? Kreuzen Sie an: ja ☐ nein ☐
2.   3.

2. **Wenn Sie „ja" angekreuzt haben, dann machen Sie bitte hier weiter:**

a) Ergänzen Sie bitte: Meiner Meinung nach fehlt das Wort _____ .

b) Lesen Sie den Text jetzt noch einmal durch, schreiben Sie das Wort an die entsprechenden Stellen und prüfen Sie, ob Ihre Vermutung stimmt (inhaltlich und grammatisch: Paßt das Wort in die Struktur des Satzes?).

c) Notieren Sie bitte die Wörter/Textstellen, die Ihnen geholfen haben, das Wort zu finden!

1. _____   3. _____

2. _____   4. _____

3. **Wenn Sie bei Aufgabe 1. „nein" angekreuzt haben, dann machen Sie bitte hier weiter!**

a) Lesen Sie den ersten Abschnitt des Textes genau und langsam. Hier fehlt das Wort zweimal. Beide Sätze haben dieselbe Struktur: ... der war ... , ...er war...
„Es war einmal ein Regenwurm, <u>der war</u> ..."
„Kaum hatte ihn seine Mutter geboren, <u>war er</u> schon ..."
b) Stellen Sie bei jedem Satz Fragen, und versuchen Sie, die Antwort zu finden. Überlegen Sie: Zu welcher Wortart gehört (vermutlich) das fehlende Wort?
Beispiele:
1. Satz:
Frage: Was war der Regenwurm sein Leben lang? – Antwort: ____?____
2. Satz:
Frage: Was war er schon, als ihn seine Mutter auf die Welt brachte? – Antwort: ____?____

3. Satz:
Frage: Was fehlte ihm? – Antwort: _____
4. Satz:
Frage: Wer kam? – Antwort: Der Wurmdoktor.
Frage: Warum? – Antwort: Weil _____? _____
Frage: Was machte der Wurmdoktor? – Antwort: Er fühlte den Puls. (? Wort unbekannt?)
Frage: Warum fühlte er den Puls. – Antwort: ____? _____

c) Wenn Sie glauben, daß Sie das Wort gefunden haben, dann probieren Sie aus, ob es inhaltlich und grammatisch in alle Lücken paßt.
Markieren Sie die Stelle, an der Sie zum ersten Mal sicher waren, daß Sie das richtige Wort gefunden haben.

4. **Für alle:**
Es gibt mehrere andere Wörter im Text, die Sie wahrscheinlich nicht kennen, zum Beispiel:
der Puls, Sauerampferblätter, Schneckenleim, Amsel.

Welches dieser Wörter müssen Sie Ihrer Meinung nach unbedingt kennen, um den Text zu verstehen? Welches nicht?
Versuchen Sie, die **Bedeutung** dieser Wörter **aus dem Kontext** zu erschließen. (Bedeutung kann auch heißen: Sie verstehen, was gemeint ist, z. B. ein Mensch, ein Tier oder ein Gegenstand usw.)
Notieren Sie in Stichworten, wie Sie die Wörter erschließen. Wenn Sie etwas nicht erschließen können, so schreiben Sie: „Kann ich nicht erschließen".

der Puls: _____

Sauerampferblätter: _____

Schneckenleim: _____

die Amsel: _____

<table>
<tr><td>**2**
W</td><td>**19**</td><td>**Das eine und das andere**</td></tr>
</table>

1. Welche Paare gehören zusammen?

Fremdsprache	Natur
Fernweh	Hölle
Trauer	Armut
Aktivität	Muttersprache
Nähe	Alter
Himmel	Hochdeutsch
Jugend	Heimweh
Regel	Fremde
Reichtum	Freude
Tod	Distanz
Kultur	Ausnahme
Heimat	Passivität
Dialekt	Geburt

2. Verbinden Sie bitte jedes Paar in einem Satz!
Beispiel: Die Jugend kann viel vom Alter lernen.

20   Lesen, Spielen, Schreiben

1. Lesen Sie bitte zuerst die folgende (fiktive) Anzeige!

2. Einige Teile der Anzeige sind kursiv gedruckt. An diesen Stellen könnte man auch das Wort „brauchen" benutzen. Schreiben Sie bitte die Anzeige entsprechend um!

– Weg vom Alltagsstreß –

**Einfach mal ein paar Tage ausspannen – von heute auf morgen!
Mit dem Reisebüro Sonnenschein.
Auf Ihrer Trauminsel!!**

Ein Anruf in unserer Zentrale genügt. Und schon sind Sie dabei!
Und das ohne weitere Vorbereitungen:
Ohne Paß, ohne Visum, ohne schweren Koffer! Einfach so!
Sie müssen nur das Notwendigste einpacken: eine Zahnbürste, ein Paar Jeans und
ein paar Hemden oder Blusen. Und natürlich *geht es nicht ohne einen Badeanzug
und einen warmen Pullover* für die kühlen Abende. Alles andere erledigen wir.
Nur die gute Laune und etwas Abenteuerlust, die müssen Sie noch mitbringen.
Am Tag nach Ihrem Anruf *müssen Sie dann nur noch rechtzeitig zum Flughafen
kommen* und schon bringen wir Sie zum Ort Ihrer Träume! Bei der Ankunft werden Sie
von unseren reizenden Animateuren und Animateurinnen empfangen. Von diesem
Augenblick an *müssen Sie sich um nichts mehr Gedanken machen.* Von nun an *geht
alles ohne Uhr und ohne Terminkalender.*
Sie können sich einfach dem Strom der fließenden Zeit überlassen.
Übrigens: *Sie müssen nichts bezahlen.* Vom Geld reden wir später. Nach dem Motto:
Heute genießen – erst morgen büßen*.

---

3. **Rollenspiel:**
Dieses Angebot läßt einige Fragen offen.
a) Sammeln Sie bitte die Fragen in der Klasse!
b) Und nun spielen Sie: A ruft im Reisebüro Sonnenschein an und fragt nach weiteren Details.
B antwortet.

4. **Beschwerdebrief**
Sie haben das Angebot angenommen und sind auf die Trauminsel mitgeflogen. Leider war dann nicht alles so, wie Sie es sich vorgestellt haben:
-   Bei der Ankunft auf der Insel waren zunächst keine Animateure da: Sie mußten über eine Stunde warten.
-   Die Animateure waren ziemlich unfreundlich.
-   Das Essen war schlecht.
-   Die Dusche in Ihrem Zimmer funktionierte nicht. Dabei war es furchtbar heiß.
-   Die Zimmer wurden jeden Morgen schon um acht Uhr saubergemacht.
-   Sie konnten nachts kaum schlafen (Disco-Musik).
-   ...
Sammeln Sie in der Klasse weitere Punkte, und schreiben Sie in Gruppen Beschwerdebriefe an das Reisebüro Sonnenschein (Weite Straße 5, 8000 München 2).

---

* genießen; büßen

5. Eine Anzeige entwerfen

Vielleicht wollen Sie gar nicht auf eine Trauminsel. Vielleicht ist es Ihr Traum, ein paar Tage in einem kleinen deutschen mittelalterlichen Städtchen zu verbringen, zum Beispiel in Rothenburg ob der Tauber (Bayern) oder in Buxtehude (Niedersachsen)? Auf Ihren Wunsch bietet das Reisebüro Sonnenschein auch dorthin eine Reise an. Aber Sonnenschein ist dort nicht garantiert, und viele warme Sachen brauchen Sie auch. Dort gibt es dann Stadtrundfahrten, alte Kirchen, ein Heimatmuseum ... Da muß also eine neue Anzeige entworfen werden. Wie könnte sie lauten?

Alternative:

Sie entwerfen eine Anzeige für einen Urlaubsort in Ihrem Land.

2   21   Leselust zum Thema (fakultativ)

MAGERSUCHT — Ein Schönheitsideal macht krank

Finden Sie die Schlüsselwörter in diesem Text? Hier bekommen Sie die Definitionen:

_____ : sehr dünn

_____ : fast ein Skelett

_____ : unnormales Eßverhalten

_____ : eine Krankheit; wenn man etwas unbedingt immer wieder haben muß,
z. B. Zigaretten, Alkohol usw.

_____ : Essensplan zum Schlankwerden

MAGERSUCHT Ein Schönheitsideal macht krank

Wo Schönheit Erfolg signalisiert und Schlanksein Leistung, lauert ein Leiden, dem Ärzte oft
ohnmächtig gegenüberstehen. Magersüchtige
nehmen Maß am Schlankheitsideal und verzeh-
ren sich im Kampf gegen den eigenen Körper –
manche bis in den Tod.

Wie viele Menschen in westlichen Indu-
strieländern an Magersucht leiden – einer
Krankheit, die vorwiegend Frauen befällt,
läßt sich schwer feststellen. Schätzungen zufol-
ge sind es rund zwei Prozent. „Schau dich
um", fordert Karla, eine überschlanke Kran-
kenschwester mit blassem, feinem Gesicht,
„die Straßen sind voll von Dürren."

Einem Wahn gleich ist der Drang zum Dün-
nen über die Völker des satten Westens gekommen. Schon mehr als die Hälfte aller er-
wachsenen Bundesbürger und aller Jugendlichen sollen sich Diäten unterworfen haben.
Wissenschaftler sehen darin eine Erklärung,
warum Eßstörungen zunehmen: Nach der
Diät kommt oft der Heißhunger und dann
geht alles wieder von vorne los.

**Trotz aller Emanzipation
identifizieren sich viele Frauen
über den Körper**

Warum das so ist, weiß niemand. Dafür haben die Experten etwas anderes herausgefunden: Einmal Diät heißt bei vielen immer Diät.
Und bei manchen wird sie zur Sucht: Zwar
soll es auch immer mehr magersüchtige Männer und Knaben geben, doch neun von zehn
Patienten sind Frauen und Mädchen. Trotz aller Emanzipation identifizieren sich viele
Frauen vor allem über ihren Körper. Eine Flut
von Artikeln und Anzeigen, Schönheitstips
und Diätrezepten suggeriert ihnen Schlankheit
als Lösung ihrer Lebensprobleme.

Hyperdürre, knabenhaft-kantige Manne-
quins verkörpern ein Ideal, dem viele Frauen
bereitwillig ihre Rundungen opfern. Auch die
veränderte Rollenerwartung kann, wie Psy-
chologen meinen, Eßstörungen fördern. Ei-
nerseits soll – und will – die Frau heute beruf-
lich „ihren Mann stehen", andererseits aber so
zerbrechlich wie möglich bleiben.

So spiegelt das gängige Schönheitsideal das
gesellschaftliche Credo unserer Zeit wider:
Leistung. Aus Asien und Afrika, aber auch aus
den Ländern des Ostblocks melden Ärzte nur
vereinzelte Magersucht-Fälle. Anders im
hochindustrialisierten Westen und in Japan:
Hier bedeutet Schlanksein für Frauen und zu-
nehmend auch für Männer Erfolg.

2.2 Kontrollaufgaben (Wiederholung)

1. Was ist richtig? Was ist falsch?

Vier der folgenden Sätze sind grammatikalisch falsch. Welche? Kreuzen Sie bitte die falschen Sätze an!

- ☐ 1. Ich brauche jeden Morgen zu duschen.
- ☐ 2. Die Arbeiter brauchen nur zu streiken, um mehr Geld zu bekommen.
- ☐ 3. Du brauchst mir helfen.
- ☐ 4. Ich brauchte ihm nie zu helfen.
- ☐ 5. Er braucht unsere Hilfe.
- ☐ 6. Sie brauchen viel gute Laune und Abenteuerlust mitzubringen.
- ☐ 7. Wann haben Sie das letzte Mal einen Arzt gebraucht?
- ☐ 8. Wir brauchen alle mehr Geld verdienen.
- ☐ 9. Wann braucht man „brauchen zu + Infinitiv"?

Formulieren Sie die falschen Sätze bitte neu, und streichen Sie sie oben durch!

_____

_____

_____

_____

2. Wortschatz

ä = ae
ß = s

Waagrecht:
1. Rat, Warnung, Andeutung, Angabe:
Können Sie mir einen ... geben?
7. Sie bekommen es in einer ... handlung und
können viele auf der ... messe sehen.
10. Das Gegenteil von „her"?
11. Viele Leute essen es gerne zum Frühstück. Eine
alte Frage: „Was war zuerst da, die Henne oder
das ...?"
12. Das Gegenteil von „Kälte".
14. Wenn man ein Zimmer, einen Raum verläßt, geht
man ...
15. Der Zwang, der Wunsch, immer alles wissen zu
wollen.
17. 1. Person Singular von „sein"?
18. Mehrere Personen, die gemeinsam mit Ihnen eine
Reise machen.
19. immer = 100 %; 0 % = ?
20. Wenn man etwas mit Liebe und Freude tut, dann
macht man das ...

Senkrecht:
1. Wenn man in ein Zimmer, in ein Haus geht, geht
man ...
2. Wer nichts tut, nicht redet, faul ist, ist ...
3. Komparativ von „neu" im Plural?
4. Der Unterschied zwischen ... und „kennen" ist
manchmal schwierig.
5. einmalig, nur einmal vorhanden
6. Das Gegenteil von „schmutzig"?
7. Der Anfang, das Gegenteil von Ende?
8. Eine Vorsilbe, die angibt, daß etwas sehr alt ist:
... großmutter
9. Wenn jemand an die Zimmertür klopft, ruft man:
...
10. Der Mond und die Sterne stehen am ...
12. „Farbe"
13. 1000 mm oder 100 cm sind ein ...
14. Morgen, morgen, nur nicht ..., sagen alle faulen
Leute.
16. Volk in Südostasien

1 Einstig ins Thema „Zukunftsfragen"

Worum geht es in dem Cartoon? Diskutieren Sie, und finden/notieren Sie Beispiele! Sehen Sie einen Zusammenhang mit den beiden Gedichten?

Ein grünes Blatt

Ein Blatt aus sommerlichen Tagen.
Ich nahm es so im Wandern mit,
Auf daß es einst mir möge sagen,
Wie laut die Nachtigall geschlagen.
Wie grün der Wald, den ich durchschritt.

Theodor Storm, 1853

Ein Zweig aus sauren Regentagen,
Ich nahm ihn tief betroffen mit.
Auf daß er allen möge sagen,
Wie laut die Stunde hat geschlagen,
Wie grau der Wald, den ich durchschritt.

(„Gedicht der Woche", STERN, Nr. 32, 1983)

A 1   2   Textverständnis (Nach dem ersten Hören)

1. Was gehört zusammen?

Auf der linken Seite finden Sie Teile der Podiumsdiskussion von A 1 abgedruckt. Rechts davon stehen die Themen der einzelnen Redebeiträge schlagwortartig zusammengefaßt. Ordnen Sie bitte die Themen den Redebeiträgen zu!

1	2	3	4

① GK (BRD):
Neulich bekam ich eine Geburtsanzeige mit folgendem Text: „Auch wenn wir wissen, daß morgen die Welt untergeht, pflanzen wir dennoch heute ein Apfelbäumchen." Sicher wundern Sie sich über diese Worte. Ich will Ihnen den Hintergrund erläutern. Bei uns häufen sich die pessimistischen Nachrichten: Fischsterben im Rhein durch giftige Abwässer, radioaktive Verseuchung der Umwelt nach Reaktorunglück, Arbeitslosigkeit durch Rationalisierung und Verwendung neuer Technologien, neue Krankheiten durch Umweltverschmutzung, Waldsterben durch sauren Regen.
Die Reaktionen meiner Mitbürger darauf sind unterschiedlich. Die einen flüchten sich in Okkultismus und Wahrsagerei. – Ich finde, diese Leute verschließen die Augen vor der Zukunft. – Andere, wahrscheinlich sogar die Mehrheit, sind mit den Verhältnissen zufrieden. Sie sehen zwar die Probleme, halten sie jedoch für lösbar. „Es gibt eben keine Technik ohne Risiko", sagen sie. – Wieder andere engagieren sich zum Beispiel in Bürgerinitiativen gegen Umweltverschmutzung oder Atomkraftwerke. Sie wollen sich mit den negativen Zukunftsaussichten nicht abfinden. Zu ihnen gehören auch meine Freunde mit der Geburtsanzeige.

② Dr. Dia (Senegal):
Die einzige Chance für die Entwicklung eines Landes der Dritten Welt ist modernste Technik; Umweltbelastungen müssen dabei in Kauf genommen werden.

③ CI (Südkorea):
Wir müssen uns fragen, ob wir notwendigerweise alle Fehler wiederholen müssen, die die Industrieländer gemacht haben. Oder ob wir durch eine Verbindung von Tradition und Fortschritt einen neuen Weg finden können. Aber wie soll dieser Weg aussehen?

④ MV (Schweiz):
Gott sei Dank stellen sich bei uns immer mehr Leute diese Fragen. Und sie kommen immer öfter zu dem Ergebnis: Man muß die Technik nutzen, aber nicht alles, was technisch machbar ist, ist auch ökologisch vernünftig. Ich denke da z. B. nur an die vollautomatischen Kameras mit Motor und giftigen Batterien.

a) Moderne Technik für die Dritte Welt!

b) Vernünftiger Gebrauch von Technik!

c) Nicht die Fehler der Industrieländer wiederholen!

d) Negative Folgen neuer Technologien und die Reaktionen der Menschen.

2. Einige Teile der Podiumsdiskussion fehlen in Aufgabe 1. Welche?
Hören und/oder lesen Sie dazu noch einmal den Text, und markieren Sie die entsprechenden Teile im Buch!

3. Der Diskussionsleiter

Wie schließt er Diskussionsbeiträge ab? Schreiben Sie bitte!

(Zu Frau Klinger): _____

(Zum Abschluß der Diskussion): _____

Wie leitet er über zum nächsten Redner? Schreiben Sie bitte:

(Zu Prof. Cha In-Sok): _____

(Zu Frau Vardin): _____

_____

(Zu den Zuhörern): _____

_____

4. Welches Land wird als „Schwellenland" bezeichnet? Was ist darunter zu verstehen? Welche Länder würden Sie als Schwellenland bezeichnen?

5. Frau Klinger teilt die Reaktionen ihrer deutschen Mitbürger auf die Umweltprobleme in drei Gruppen. Welcher Gruppe scheint diese Zeitungsmeldung vom 11. 5. 1991 rechtzugeben?

Batterie ohne Schadstoffe

Hamburg. Der Philips-Konzern bietet nach eigenen Angaben als erster Hersteller weltweit eine „völlig schadstofffreie" alkalische Batterie ohne Kapazitätsverlust an.
11. 5. 1991

6. Diskussion (Siehe auch A 3)

Auf der Geburtsanzeige, die Frau Klinger erhalten hat, stand: **„Auch wenn wir wissen, daß morgen die Welt untergeht, pflanzen wir dennoch heute ein Apfelbäumchen."**
(Dieser Spruch stammt übrigens von dem Reformator Martin Luther, 1483–1546.)
Bilden Sie eine Diskussionsrunde mit drei Gruppen zu diesem Thema. Jede der drei Gruppen übernimmt eine der Haltungen, die Frau Klinger im zweiten Abschnitt beschreibt.
Versuchen Sie hier erst noch einmal, die Gruppen kurz zu charakterisieren:

Gruppe 1: _____

Gruppe 2: _____

Gruppe 3: _____

Bestimmen Sie einen Diskussionsleiter, der Diskussionsbeiträge zusammenfassen, zum nächsten Sprecher überleiten und die Diskussion schließlich abschließen kann.

Auch wenn wir wissen, daß morgen die Welt untergeht, pflanzen wir dennoch heute ein Apfelbäumchen.
Martin Luther

Hiermit zeigen wir die Geburt unserer Tochter INES CHRISTIANE an.

Die glücklichen Eltern Martina und Hans-Jörg Bergmann.

A1
↓
A3
(A4)

3 Wie ist es dazu gekommen? Nominaler Ausdruck – verbaler Ausdruck

1. verbal – nominal

Machen Sie bitte aus dem verbalen Ausdruck einen nominalen Ausdruck!

Sie reden davon,	**Sie reden**
daß die Luft verschmutzt ist,	*von der Luftverschmutzung*
daß die Umwelt radioaktiv belastet ist,	*von der radioaktiven*
daß immer modernere Technologien verwendet werden,	
daß die Flüsse mit Chemikalien verseucht sind,	
daß die Wälder sterben.	

2. Wie (Wodurch) ist es dazu gekommen?
Schreiben Sie bitte den folgenden Text neu, und ersetzen Sie die schräg gedruckten Teile durch nominale Ausdrücke (mit wechselnden Präpositionen).

Weil die Luft verschmutzt und die Umwelt radioaktiv belastet ist, ist es zu neuen Krankheiten gekommen. *Wenn immer modernere Technologien verwendet werden und immer mehr rationalisiert wird,* wächst die Arbeitslosigkeit. *Weil die Flüsse mit Chemikalien verseucht sind,* sterben die Fische, und *wenn die Wälder sterben,* wird sich das Leben auf der Erde verändern.

Durch die Luftverschmutzung

Dieser Spielplatz ist wegen des
Verdachts auf Schadstoffbelastung
vorsorglich vorübergehend
geschlossen!
Die Stadtverwaltung

A1
↓
A3
(A4)

4 Was kann man tun? Nominaler Ausdruck – verbaler Ausdruck

Gewerkschaften und Umweltschutzorganisationen fordern schon seit langem, daß etwas gegen die Umweltzerstörung und für eine bessere Zukunft der Menschen unternommen wird.

Gesundes Wasser
für
gesunde Fische!

Frieden schaffen
ohne Waffen!

Wir brauchen
menschengerechte
Arbeitsplätze!

Wenn der Wald stirbt,
stirbt auch der Mensch!

1. Formen Sie bitte die folgenden nominalen Ausdrücke in verbale Ausdrücke um!

Sie fordern ...	**Die Politiker sollen ...**
den Schutz der Umwelt.	*die Umwelt schützen.*
die Humanisierung der Arbeitswelt.	_____
die Vermeidung von Kriegen.	_____
den Schutz der Wälder.	_____
die Schaffung neuer Arbeitsplätze.	_____
die Entgiftung der Abwässer.	_____

2. Ergänzen Sie bitte!

Die Politiker und die Wirtschaftsmanager sagen:

Natürlich sind wir _____ Umwelt!

Natürlich wollen wir etwas _____ Kriegen tun!

Natürlich sind wir _____ Arbeitswelt

und _____ neuer Arbeitsplätze!

Bald machen wir neue Gesetze _____ Waldes!

Wir tun auch etwas _____ Abwässer.

3. Was sollen die Politiker und die Wirtschaftsmanager tun?

Benutzen Sie bitte in Ihren Antworten Sätze mit „um...zu"!

Beispiel: Um die Umwelt zu schützen, sollen die Politiker weniger Atomkraftwerke und dafür mehr Windkraftanlagen bauen.

Windkraftanlage in
Norddeutschland

Vorschläge für Problemlösungen aus deutscher Sicht:

Weniger Straßen und mehr Eisenbahnlinien bauen – die Friedenserziehung in der Schule fördern – kürzere (variable) Arbeitszeit einführen – Sparsamkeit bei Wasser und Energie belohnen – umwelt-freundliches Verhalten belohnen – größere Strafen für Umweltkriminalität beschließen* – umwelt-freundliche Technologien einführen – mehr Teilzeitarbeitsplätze schaffen – nicht nur ökonomisch, sondern auch ökologisch denken – mehr an die Menschen und weniger an den Profit denken – die internationale Kommunikation und Kooperation verbessern – ...

Bitte geben Sie auch andere Problemlösungen, die besonders für Ihr Land gelten.

---

* beschließen

A1   **5**   **Was können wir tun?**

↓

A3

(A4)   Jeder von uns kann etwas für den Schutz der Umwelt tun:

1. durch den **Verzicht auf** Plastiktaschen beim Einkaufen
2. durch den **Kauf von** Milch in Glasflaschen
3. durch die **Vermeidung von** unnötigem Hausmüll*
4. durch den **Kauf** umweltfreundlicher Produkte
5. durch die **Verwendung von** ungiftigen Batterien
6. durch die **Benutzung von** biologischen Wasch- und Reinigungsmitteln
7. durch den **Verzicht auf** Wegwerfprodukte
8. durch den **Verzicht auf** Spraydosen
9. durch **Sammeln von** Altpapier und Altbatterien
10. durch **Engagement in** Bürgerinitiativen
11. _____
12. _____
13. _____

Sie haben sich in der Bürgerinitiative „Gesunde Natur für eine lebenswerte Zukunft" engagiert. In einem Artikel über die aktuelle Umweltbelastung in der Broschüre dieser Bürgerinitiative fordern Sie die Leser und Leserinnen auf, auch etwas dafür zu tun, daß die Natur in 10 Jahren wieder gesünder ist als heute.

Schreiben Sie bitte den Text unten weiter!

Liebe Mitbürgerinnen und Mitbürger!

Wir alle – auch Sie – können etwas dafür tun, daß die Natur wieder gesund wird und daß unsere Kinder auch in Zukunft in einer lebenswerten Umwelt leben können. Deshalb bitte ich Sie:

1. _Verzichten Sie auf Plastiktaschen beim Einkaufen!_
2. _Kaufen Sie_ _____
3. _____
4. _____
5. _____
6. _____
7. _____
8. _____
9. _____
10. _____
11. _____
12. _____

Machen Sie mit, denn:

Wenn der Wald stirbt, _____

* der Müll

6 Umweltkriminalität

a)   b)

Diskutieren Sie bitte die beiden Karikaturen! Was wird damit ausgedrückt? Passen sie auch in Ihr Land? – Wenn nicht: Was müßten die Karikaturen in Ihrem Land zeigen?

7 Allzuviel ist ungesund, allzuwenig auch: „werden" + Ergänzung   A 7

Schreiben Sie die Sätze 1.–6. bitte weiter, und schreiben Sie noch ein paar Sätze dazu! Benutzen Sie „werden" + Ergänzung, wenn es sinnvoll ist.

1. Wer zu viel arbeitet, *wird krank* _____
   und wer zu wenig arbeitet, _____
2. Wer zu viel ißt, _____
   und wer zu wenig ißt, _____
3. Wer (zu)viel fragt, _____
   und wer zu wenig fragt, _____
4. Wer zu oft mit dem Walkman laute Musik hört, _____
   und wer nie Musik hört, _____
5. Wer den ganzen Tag nur sitzt, _____
   und wer kein Sitzfleisch* hat, _____
6. Wer immer nur an sich denkt, _____
   und wer immer nur an die anderen denkt _____
7. _____
   _____
8. _____

---

* Sitzfleisch haben

A 5

↓

A 7

8   Ihr Text: Meine/Unsere Zukunft – Wie wird sie aussehen?

1. Schreiben Sie bitte, wie Sie sich ihre persönliche Zukunft vorstellen!
Dabei gibt es Dinge, die **ganz sicher** geschehen,
Ereignisse, die Sie **nur vermuten** können, aber doch für sehr wahrscheinlich halten,
und Dinge, die Ihrer Meinung nach **sehr unwahrscheinlich** sind.
Schreiben Sie Ihre Zukunftserwartungen in die entsprechende Spalte.

Meine Zukunft

(Da bin ich mir **ganz sicher**.)

Ich werde jeden Tag einen Tag älter.

Irgendwann werde ich

_____

_____

_____

_____

_____

(**Das vermute ich,** genau weiß ich es nicht, aber ich glaube schon.)

Ich werde wohl manchmal krank sein.

_____

_____

_____

_____

_____

(Das **wird wahrscheinlich nie** geschehen, **aber** absolut sicher kann man natürlich nicht sein.)

Ich werde wohl nie (mehr)

_____

_____

_____

_____

_____

wohl   vielleicht

hoffentlich   (höchst) wahrscheinlich

möglicherweise

bestimmt   vermutlich

sicherlich

2. Ihr Text: Die Zukunft unseres Landes

Diskutieren Sie zuerst in der Klasse, und schreiben Sie dann in Gruppen einen Text über die Zukunft Ihres Landes.
Zum Beispiel: In _____ wird es hoffentlich nie wieder ... geben, weil .../Es wird hoffentlich/wohl/wahrscheinlich/bald .../Eines Tages ...

9   Gestern hab' ich Pech gehabt! – Morgen hab' ich's dann geschafft!

Vergangenheitsperfekt und **Perfekt mit Zukunftsbezug** werden vor allem in der Umgangssprache gebraucht.
1. Arbeiten Sie bitte zu zweit! Antworten Sie sinngemäß! Zuerst mündlich, dann schriftlich. Prüfen Sie: Vergangenheit oder Zukunft?

Beispiel:
- Nun, wie steht's mit deinen Prüfungen?
- Wenn alles klappt, habe ich sie bald alle bestanden. (Zukunft)

Und nun Sie bitte:

1. ● Habt ihr das Problem lösen können?

    ○ Noch nicht, aber nächste Woche _____ *haben wir* _____

2. ● Wann bekomme ich endlich mein Geld?!

    ○ Warte, _____
                    (in zwei Stunden, Bank geholt)

3. ● Kommst du mit ins Kino?

    ○ Ach nein. _____
                  (Film, schon letztes Jahr)

4. ● Ich muß zum Zahnarzt. Mir ist ganz schlecht vor Angst!

    ○ Ist doch halb so schlimm! _____
              (bis zu deiner Hochzeit, alles vergessen)

5. ● Wie lange willst du noch arbeiten?

    ○ Noch zwei Jahre. Dann _____
               (genug ... verdient)

6. ● Ein schönes Haus habt ihr euch da gebaut!

    ○ Ja, und _____
            (nächstes Jahr, alle Rechnungen bezahlt)

7. ● Das Seminar war toll. Warum bist du nicht gekommen?

    ○ Ich wollte ja, aber _____
             (unerwartet Besuch bekommen)

8. ● Du bis ja ganz rot! Was ist los?

    ○ Wenn du wüßtest! _____ *Wir haben so gelacht!* _____
         (Peter den ganzen Tag, Witze erzählen)

2. **Ihr Text!** Schreiben Sie bitte!

Vergangenheit	**Zukunft**
Vor drei Jahren_____	In drei Jahren _____
Letzte Woche _____	_____
Vor _____	_____
Gestern abend _____	Morgen abend _____
_____	_____

10 „werden": Vorgangspassiv (Wiederholung)

1. Wenn Sie die Möglichkeit haben, können Sie noch einmal die Passivübungen aus dem deutschen Arbeitsbuch zu Band 1 von Sprachbrücke, Lektion 13, Ü 4–10 wiederholen. (Beschreiben Sie bitte bei Übung 7 den technischen Vorgang jetzt nur mit Hilfe der Bilder!)

2. Was passiert in der Welt? Schreiben Sie bitte!

Schlechte Nachrichten:

Bäume *werden gefällt.* _____ .

Straßen _____ .

Flüsse _____ .

_____

_____

Kinder _____ .

Männer _____ .

Frauen _____ .

_____

_____

_____

Kriege _____ .

Städte _____ .

_____ .

_____ .

Soldaten _____ .

Die Toten _____ .

Gute Nachrichten:

Ein Baum *wird* _____ .

Ein Mensch _____ .

Ein Lied _____ .

Ein Buch _____ .

Ein Präsident _____ .

Die Natur _____ .

Der Krieg _____ .

Die Grenzen _____ .

_____

_____

_____

_____

11 Was geschieht? Was ist passiert? – Wie ist es jetzt?

1. Ergänzen Sie bitte die folgenden Übersichten!

Vorgangspassiv: Prozeß

		V 1		V 2
Präsens:	Die Umwelt	*wird*		zerstört.
Präteritum:	Zu viele Autos	_____		produziert.
Perfekt:	Zu viele Straßen	_____		gebaut _____.
Präsens mit Modalverb:	Eine Lösung	*muß*		gefunden _____.
Zukunft: ohne Temporal- angabe	Die Zahl der Autos	_____		reduziert _____.
mit Tempo- ralangabe:	Im Jahr 2000	_____	das Autofahren	verboten.

Zustandspassiv: Resultat

		V 1		V 2
heute:	Die Luft	*ist*		verschmutzt.
1945:	Viele deutsche Städte	_____	damals	zerstört.
Zukunft: ohne Temporal- angabe	Die Luft	_____	nicht mehr	verschmutzt *sein.* _____
mit Tempo- ralangabe:	Im Jahr 2000	_____	alle Probleme	gelöst.

2. Schreiben Sie bitte die Erklärung zum Bild!

Der Laden _____

_____

Die Blumen _____

_____

_____

_____

B 4   12   Kleiner Drill zum Zustandspassiv: Reihenübung

1. Lesen Sie bitte die Übungssätze, und überlegen Sie sich, **wer** das **in welchen Situationen zu wem** sagen könnte!

1. Warum läßt du nicht endlich das Auto reparieren?
2. Komm, ich schneide dir schnell noch die Nägel.
3. Schreiben Sie bitte noch den Brief zu Ende!
4. Sie wollten doch Ihr Haus verkaufen!?
5. Vergiß nicht, die Blumen zu gießen, Liebling!
6. Unterstreichen Sie bitte die wichtigsten Wörter im Text!
7. Wann lernst du endlich, daß du morgens dein Bett machen sollst?
8. Können Sie nicht für uns die Karten bestellen?
9. Wann kontrollieren die denn die Pässe?
10. Wer wäscht jetzt noch das Geschirr ab?

2. Sprechen Sie bitte ziemlich schnell mit Ihrem Nachbarn/Ihrer Nachbarin!
Beispiel:
Warum läßt du nicht endlich das Auto reparieren? → Es ist schon repariert!

3. Erfinden Sie bitte weitere Beispiele!

B 6   13   Wahrsagerei

Was sagt die Wahrsagerin?

B 7   14   No future – Keine Zukunft

Lesen Sie bitte den Text im Kursbuch Seite 44, und machen Sie zur Vorbereitung der Diskussion drei Stichwortzettel mit den Meinungen der Jugendlichen!

Sonja   **Sigrid**   **Christian**

15   Interview: Vergangenheit und Zukunft

1. Meinungsumfrage Ost/West
Lesen und betrachten Sie bitte die Grafik unten aus dem Jahr 1991! (Sie müssen die Grafik von links nach rechts lesen.) Einige Angaben fehlen.

2. Informationen erfragen
Arbeiten Sie bitte zu zweit! Informieren Sie sich gegenseitig!
Eine Person ist A. A arbeitet mit der Grafik auf dieser Seite. Eine Person ist B. B arbeitet mit der Grafik auf S. 64. A fragt nach den fehlenden Angaben in der Grafik auf dieser Seite, B. findet die fehlenden Angaben in der Grafik auf Seite 64. Aber auch in der Grafik auf Seite 64 fehlen Angaben. Sprechen Sie bitte miteinander wie im Beispiel:
A fragt B: „Wieviel Prozent der Ostdeutschen glaubten im Jahr 1991, daß es 4 oder 5 Jahre dauern wird, bis es den Deutschen aus dem früheren Gebiet der DDR wirtschaftlich so gut geht wie den Deutschen im Westen?"
B antwortet und fragt dann selbst nach fehlenden Angaben auf Seite 64. Und so fort.

3. Wer ist (war) insgesamt optimistischer: die Ostdeutschen oder die Westdeutschen?

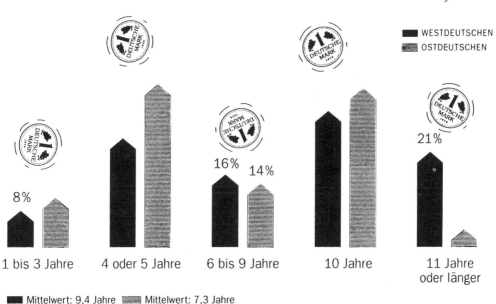

Wie viele Jahre bis zum Wohlstand?

„Wie lange wird es wohl dauern, bis es den Deutschen aus dem früheren Gebiet der DDR wirtschaftlich so gut geht wie jetzt den Deutschen im Westen? An wie viele Jahre denken Sie da etwa?" Es nannten von je 100

■ WESTDEUTSCHEN
▦ OSTDEUTSCHEN

8%   16% 14%   21%

1 bis 3 Jahre   4 oder 5 Jahre   6 bis 9 Jahre   10 Jahre   11 Jahre oder länger

■ Mittelwert: 9,4 Jahre   ▦ Mittelwert: 7,3 Jahre

SPIEGEL SPEZIAL I/1991

4. Bitte lesen Sie nun das **Interview**, das eine Reporterin der Deutschen Welle im Jahr 1991 mit Frau Heckel aus Leipzig geführt hat.

(1) Frau Heckel lebt seit 10 Jahren in Leipzig. (2) Vor der Vereinigung Deutschlands im Oktober 1990 war sie Arbeiterin in einer Brotfabrik. (3) Vor zwei Monaten hat sie sich selbständig gemacht und mit Unterstützung einer West-Firma eine Reinigung* eröffnet.

Reporterin: (4) Frau Heckel, nach Meinungsumfragen in den neuen Bundesländern sehen viele Menschen in Ostdeutschland sorgenvoll in die Zukunft. Wie ist das mit Ihnen?

Fr. Heckel: (5) Ach, wissen Sie, ich bin da eher optimistisch. (6) Wir haben 45 Jahre lang hart gearbeitet, (7) und wir können es immer noch. (8) Wir haben die Wende* herbeigeführt und – da bin ich mir ganz sicher: (9) In fünf, zehn Jahren haben wir es geschafft.

Reporterin: Können Sie Ihren Optimismus ein bißchen genauer begründen? (10) Auf den ersten Blick sieht es ja nicht so rosig aus: (11) Viele Betriebe werden geschlossen, (12) die Arbeitslosigkeit steigt, (13) alles wird teurer, (14) viele Jugendliche finden keine Lehrstelle, (15) und vielen Menschen geht es schlechter als vorher.

Fr. Heckel: Im Augenblick stimmt das. Da haben Sie ganz recht. (16) In den nächsten Wochen und Monaten soll es sogar noch schlimmer werden. (17) Aber ich bin sicher: (18) In zwei, drei Jahren sieht alles schon ganz anders aus. (19) Dann sind die meisten Betriebe privatisiert* und saniert*, (20) dann haben die meisten Arbeitslosen schon längst wieder eine Arbeit gefunden, (21) viele haben dafür vielleicht einen neuen Beruf lernen müssen. Was mich betrifft, (22) so gehe ich davon aus, (23) daß ich bis dahin meinen Verdienst verdoppelt habe. (24) Vielleicht habe ich dann auch schon ein oder zwei Angestellte.

Reporterin: Nun –, (25) eins der großen Probleme in den fünf neuen Bundesländern ist die Umweltverschmutzung. (26) Das wird wohl nicht so schnell gelöst werden können.

Fr. Heckel: (27) Da haben Sie recht, aber ich bin fest davon überzeugt, daß im Jahr 2000 – (28) und das ist gar nicht mehr so lange hin – (29) daß also im Jahr 2000 die schlimmsten Umweltprobleme bei uns gelöst sind. (30) Durch die Schließung vieler Betriebe soll die Elbe ja jetzt schon sauberer geworden sein.

Reporterin: Und die Menschen? (31) Die Menschen in Ost und West sind sich fremd geworden. (32) Werden sie sich bald besser verstehen? (33) Was glauben Sie?

Fr. Heckel: (34) Es stimmt schon, (35) in den vierzig Jahren staatlicher Trennung haben sich die Menschen in Ost- und Westdeutschland auseinandergelebt. (36) Die einen sind reich geworden, (37) und viele bei uns haben den Eindruck, (38) daß manche Westdeutsche seit dem Fall der Mauer noch reicher geworden sind. (39) Sie haben nicht unsere Sorgen, manche machen sich auch keine Mühe, uns zu verstehen. (40) Aber mit ein bißchen Toleranz auf beiden Seiten werden wir auch das schaffen. (41) Sie werden sehen, (42) in ein paar Jahren haben wir uns wieder aneinander gewöhnt.*

Reporterin: (43) Da bleibt mir nur noch, Ihnen alles Gute zu wünschen. Frau Heckel, vielen Dank für das Gespräch.

5. Welche Probleme werden in dem Interview für das Jahr 1991 genannt?

6. Arbeiten Sie bitte zu zweit oder zu dritt!
Analysieren Sie die numerierten Sätze, ob sie sich auf die Vergangenheit, die Gegenwart oder die Zukunft beziehen. Ordnen Sie jeden Satz in das Zeitraster ein. Dazu brauchen Sie nur die Satznummern den Zeiten zuzuordnen.

Zukunft																			
Gegenwart	1																		
Vergangenheit	2	3																	

*die Reinigung; privatisieren; sanieren; die Wende: die Veränderungen in der ehemaligen DDR, die dann zur Vereinigung der beiden deutschen Staaten geführt haben; sich aneinander gewöhnen

7. Schreiben Sie bitte alle Sätze, die sich auf die Zukunft beziehen, auf. Unterstreichen Sie in jedem Satz die sprachlichen Mittel, mit denen die Zukunft ausgedrückt wird, und analysieren Sie die Verbform.
Beispiel: 9. <u>In fünf, zehn Jahren</u> haben wir es geschafft. (Verbform: Perfekt)
Übersetzen Sie die Sätze bitte in Ihre Muttersprache, und vergleichen Sie die sprachlichen Mittel, mit denen Zukünftiges ausgedrückt wird.

8. Im Interview finden Sie viele Sätze mit „werden". Um welches „werden" handelt es sich in den einzelnen Sätzen? Schreiben Sie die Nummern in die entsprechende Spalte (eine Nummer paßt sogar in drei Spalten):

„werden" + Ergänzung	„werden" + Infinitiv = Zukunft	„werden" + Part. Perf. = Passiv	„werden" + „wohl" + Infinitiv = Vermutung/Zukunft
13 ☐ ☐ ☐ ☐ ☐	☐ ☐ ☐	☐ ☐	☐

9. Übersetzen Sie bitte die Sätze mit „werden" in Ihre Muttersprache, und vergleichen Sie!

10. Informieren Sie sich bitte!
Welche Probleme gibt es zur Zeit noch in den fünf neuen Bundesländern (siehe auch S. 91)?
Welche Probleme sind inzwischen im großen ganzen gelöst?

16　Partizip I

**C 3
+
C 4**

Frau Heckel aus Leipzig haben wir schon als Optimistin kennengelernt.

1. Lesen Sie bitte, was sie in dem Interview noch gesagt hat!

„Ja, natürlich gibt es genügend Gründe, pessimistisch in die Zukunft zu schauen: Vielen *droht die Arbeitslosigkeit,* und gleichzeitig *nimmt die Solidarität* zwischen den Menschen *ab. Die Kosten* für Miete, Heizung und öffentliche Verkehrsmittel *steigen,* und *der Verdienst sinkt.* Dazu kommt, daß *die Zahl der Verkehrstoten* seit Öffnung der Mauer *wächst,* und daß *die Wirtschaft zusammenbricht.* Daß vielen Menschen der Zukunftsglaube fehlt, ist da nur verständlich.

Aber! – Gibt es nicht genug, worüber man sich trotzdem jeden Tag freuen kann?

Obstbäume, die blühen, Kinder, die spielen und lachen, das Gesicht eines Menschen, der liebt? Wer sich nicht mehr über *die Sonne* freuen kann, *wie sie auf- und untergeht,* über *den Mond, wie er zu- und abnimmt,* der kann einem schon leid tun. Ja, natürlich, es gibt sie schon – die brennenden Probleme unserer Zeit –, aber es hilft nichts, den Kopf hängen zu lassen. Was wir brauchen sind *Menschen, die zupacken und mutig nach vorn blicken.*"

2. Formen Sie bitte die schräg gedruckten Ausdrücke in Ausdrücke mit Partizip I um!
Beachten Sie: Das Partizip I als Attribut steht immer direkt vor dem Nomen und wird wie ein Adjektiv dekliniert.
Beispiel: ein brennend**es** Problem – die brennend**en** Probleme unserer Zeit
Beginnen Sie bitte so:
Ja, natürlich gibt es genügend Gründe, pessimistisch in die Zukunft zu schauen: die drohende Arbeitslosigkeit und die abnehmende Solidarität zwischen den Menschen. Steigende ...

C 5   17   Engagement für die Umwelt

1. Ihr Text!

Gibt es in Ihrem Land Umweltprobleme? Wird etwas dagegen getan? Gibt es in Ihrem Land Parteien und/oder Menschen, die sich besonders für Umweltprobleme engagieren? Gibt es Parolen, mit denen bei Ihnen für die Umwelt geworben wird? Welche?

Formulieren Sie diese Parolen bitte für einen deutschen Freund oder eine deutsche Freundin auf deutsch.

2. Diskussion

ÖKONOMIE **und** ÖKOLOGIE

oder

ÖKONOMIE **gegen** ÖKOLOGIE

Wie wird dieses Verhältnis in Ihrem Land gesehen und diskutiert?

3. Rollenspiel

Diskutieren Sie in Gruppen: Gruppe 1 ist in einer Umweltschutzorganisation im eigenen Land engagiert und möchte Gruppe 2 von der Notwendigkeit überzeugen, dort mitzuarbeiten. Gruppe 2 hat die Haltung: Als einzelner kann man sowieso nichts tun.

D 4   18   Brief (halboffiziell)

Im „Michel-Verlag" ist ein neuer <u>Selbstlernkurs Deutsch für Fortgeschrittene</u> erschienen. Sie interessieren sich für das Programm, wollen aber nicht gern „die Katze im Sack kaufen". Sie wollen genauer wissen, aus welchen Teilen das Programm besteht, ob es sich um ein Medienpaket handelt, wie teuer es ist und ob es gut ist. Am liebsten würden Sie sich dieses Selbstlernprogramm anschauen, bevor Sie es kaufen.

Schreiben Sie einen entsprechenden Brief an den Verlag.

Adresse des Verlages: Michel-Verlag, Petersstr. 5, D – 3201 Michelstadt

---

Zu 15 Interview: Vergangenheit und Zukunft

In dieser Statistik findet B die Angaben, die A fehlen. Hier fehlen dafür die Angaben aus der Grafik von Seite 61.

Die Frage lautete: *„Wie lange wird es wohl dauern, bis es den Deutschen aus dem früheren Gebiet der DDR wirtschaftlich so gut geht wie jetzt den Deutschen im Westen?"* Es nannten von je 100

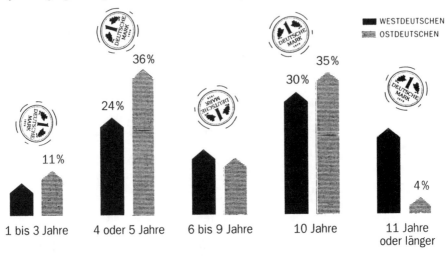

1. Graffitis

Irgendetwas stimmt hier nicht. Was?

Du hast keine Chance, also nutze sie!

Wo wir sind klappt nichts. Aber wir können ja nicht überall sein!

Gestern standen wir am **Abgrund**, heute sind wir einen Schritt weiter.

Es gibt viel zu tun, warten wir es ab.

ICH GEH KAPUTT gehst du mit ?

Lieber krank feiern als gesund arbeiten!

2. Welche der **Wendungen** rechts enthält oder ist

a) eine Drohung
b) eine Lebensweisheit
c) eine Aufforderung
d) ein biblischer Ausdruck

1	2	3	4	5	6

1 Iß, damit du groß und stark wirst!
2 Dir werd' ich's zeigen!
3 Werd' erst mal was!
4 Werd' nicht frech!
5 Es werde Licht! – Und es ward Licht.
6 Schlafende Hunde soll man nicht wecken.

3. **Rätsel:** Es ist ein Mensch, ein Vogel und eine berühmte Ballettszene. Was ist das?

20 Verben mit Präpositionen

1. Schreiben Sie bitte **Präpositionen** und **Kasus** in die Tabelle!

	Präposition	Kasus
die Augen verschließen	*vor*	*Dativ*
sich flüchten		
bezeichnen		
gehören		
zufrieden sein		
sich verlassen		
halten		
reagieren		
sich engagieren		
zweifeln		
sich beteiligen		
verzichten		
sich/jdn erinnern		
sorgen		
leihen		

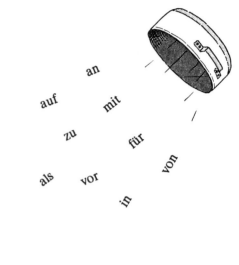

an
auf   mit
zu   für
als   vor   von
in

etwas _____ Kauf nehmen

2. Ergänzen Sie bitte mit **Verben** und **Präpositionen** aus 1.!

Viele Menschen _verschließen_ die Augen _____ den Zukunftsproblemen der Menschheit.

Die einen _____ sich _____ Wahrsagerei und Okkultismus. Eine solche Haltung

_____ man _____ Eskapismus.

Die meisten _____ allerdings _____ schweigenden Mehrheit, die _____ den

Verhältnissen _____ ist. Sie _____ sich _____ die Politiker und

_____ alle Probleme mit Hilfe moderner Technologien _____ lösbar.

Manche Menschen _____ sogar die Gefahr von Naturkatastrophen _____ Kauf,

solange diese nicht vor ihrer Haustür stattfinden.

Viele Menschen _____ aber auch aktiv _____ die Probleme der Zeit und

_____ sich _____ Umweltschutzorganisationen. Sie _____ nicht

dar_____, daß jeder einzelne etwas bewirken kann. Deshalb _____ sie sich

_____ Aktionen für den Umweltschutz und _____ dafür häufig _____ ihre

Freizeit. Sie _____ uns dar_____, daß wir da_____ _____ müssen,

daß auch unsere Kinder noch in einer lebenswerten Welt leben können. „Wir haben die Erde nur

_____ unseren Kindern _____", sagen sie.

21 Wortbildung durch Zusammensetzung: Nomen + Nomen

1. Aus zwei wird eins (Wiederholung):

A: Gehst du mit auf die <u>Messe</u>?
B: Auf welche <u>Messe</u>?
A: Auf die Buch<u>messe</u>.

das Buch   +   **die** Messe   ⟶   **die** Buch<u>messe</u>
Bestimmungswort   Grundwort

Manchmal gibt es zwischen Bestimmungswort und Grundwort ein Verbindungselement, z.B.:
die Frühjahr-**s**-messe, das Bestimmung-**s**-wort, der Pause-**n**-raum.

Das Bestimmungswort charakterisiert das Grundwort auf unterschiedliche Weise.
Zum Beispiel: die Buchmesse   = eine Messe, auf der Bücher ausgestellt werden
              die Frühjahrsmesse = eine Messe, die im Frühjahr stattfindet

Versuchen Sie bitte, zu definieren:

die Herbstmesse   = _____

die Technikermesse = _____

die Industriemesse = _____

die Hamburgmesse   = _____

2. Aus zwei mach eins!

Bilden Sie bitte zusammengesetzte Wörter! Schauen Sie im Wörterbuch nach, wenn Sie nicht sicher
sind, ob es das Wort auch wirklich gibt, oder fragen Sie Ihre Lehrerin/Ihren Lehrer.

UMWELT	FRAGEN VERSCHMUTZUNG ANGST PLÄNE KATASTROPHE CHANCEN BELASTUNG SCHUTZ	ZUKUNFTS
REISE	MARKT STUDIEN GESCHÄFT LEBEN FERIEN HUNDERT URLAUB LICHT TAUSEND GANG ERHOLUNG GEBURT	JAHR
TECHNIK	EISENBAHN REAKTOR ELEKTRO VERKEHR WELTRAUM ARBEIT UMWELT LANDWIRTSCHAFT SPORT	UNFALL

3. Aus drei mach eins! (Dreifachzusammensetzung)
Beispiel: Fachbuchproduktion

a) Aus welchen Wörtern ist dieses Wort zusammengesetzt?
Unterstreichen und analysieren Sie bitte die Bestandteile! Unterstreichen Sie das Grundwort. Wie
lautet der Artikel des ganzen Wortes?

b) Was für Bücher kann man noch produzieren?
Schreiben Sie bitte: Bilden Sie bitte weitere Zusammensetzungen:

_____ *Koch* _____ bücher   *Kochbuchautorin* _____

_____ bücher   _____

_____ bücher   _____

_____ bücher   _____

c) Bilden Sie (Dreifach)Zusammensetzungen:
Beispiel: Organisation zum Schutz der Umwelt   Umweltschutz<u>organisation</u>

Und nun Sie bitte:
Ein Katalog für eine Messe, auf der Industrie(produkte) ausgestellt werden, ist ...
Tabletten für den Schmerz im Hals sind ...
Strategien zur Lösung von Problemen sind ...
das Wachstum der Bevölkerung in der Welt ...
Pläne für eine Reform der Wirtschaft sind ...
Zeiten, in denen die Läden geöffnet sind, sind ...
             (die Öffnung)

d) Was ist das? Bitte erklären Sie die zusammengesetzten Wörter!
Heimcomputerzeitschrift, Damenoberbekleidungsindustrie, Hauptakzentsilbe, Katastrophenschutz-
pläne, Friedensforschungsinstitut, Reihenhaushälfte, Datenschutzbeauftragter, Wasserschutzpolizei,
Sommerschlußverkauf, Mauerbilderausstellung, Studienplatzbewerber, Verkehrsplanungsexperte,
Berufsinformationszentrum, Straßenverkehrsordnung, ...

4. Wiederholungen in zusammengesetzten Wörtern kann man so vermeiden:
der <u>Schmutz</u>import und der <u>Schmutz</u>export → der <u>Schmutz</u>import und -export
Schreiben Sie bitte:
das Landwirtschaftsministerium und das Forstwirtschaftsministerium:
das Landwirtschafts- _____

Städteplanung und Verkehrsplanung: _____

Umweltschutz und Wasserschutz: _____

Katastrophenvorsorge und Katastrophenvermeidung: _____

Deutschunterricht und Französischunterricht: _____

Grammatikfehler und Rechtschreibfehler: _____

---

22 Wortbildung durch Zusammensetzungen: Adjektive + Nomen

Was paßt zusammen?

1. **Nomen**

2. **Adjektive,** so viel Sie finden

z. B. liebestoll, ferngesteuert

23 Wald in Not: Lesen und schreiben

1. Lesen Sie den Text bitte aufmerksam durch!

1

Die Stiftung „Wald in Not"
soll besonders Maßnahmen in
folgenden Bereichen
anregen und unterstützen:

2 ● Aufklärung der Öffentlichkeit über die Gefährdung des Waldes und die Möglichkeiten seiner Rettung, vor allem über wirkungsvolle Maßnahmen zur Schadensverringerung durch Luftreinhaltung.

3 ● Forschungsvorhaben, die sich mit den Ursachen der Waldschäden und der Beseitigung dieser Ursachen befassen, insbesondere im Bereich Energieeinsparung und Luftreinhaltung, sowie mit der Bekämpfung und Beseitigung der Schäden in den Wäldern.

4 ● Entwicklungs- und Modellvorhaben zur Einführung von umweltfreundlicher Technologie,

sowie zur Beseitigung und Bekämpfung der Schäden und ihrer Ursachen.

● Aktionen zur Erhaltung und Schonung der **5** Lebensgemeinschaft des Waldes.

Die Stiftung „WALD IN NOT" soll auch die Zu- **6** sammenarbeit mit unseren Nachbarn in Europa zum Schutze des Waldes anregen und fördern.

Um alle diese Aufgaben erfüllen zu können, ist **7** die Stiftung „WALD IN NOT" auf die Unterstützung möglichst vieler Bürger angewiesen.

---

2. Wie finden Sie den Text? Kreuzen Sie bitte an! ☐ leicht verständlich
☐ schwer verständlich

Begründen Sie bitte Ihre Meinung!

3. Zählen Sie bitte die Verben in jedem Abschnitt!

Abschnitt 1: _____ Abschnitt 2: _____ Abschnitt 3: _____ Abschnitt 4: _____

Abschnitt 5: _____ Abschnitt 6: _____ Abschnitt 7: _____

Gibt es Unterschiede in der Anzahl der Verben zwischen den Abschnitten? Wie erklären Sie sich die Unterschiede?

4. Den meisten Nomen auf -ung entspricht ein Verb. Notieren Sie bitte die Nomen aus dem Text und die entsprechenden Verben!
Beispiel: Aufklärung → aufklären

5. Finden Sie für möglichst viele nominale Ausdrücke im Text verbale Formulierungen.
Beispiele:
Aufklärung der Öffentlichkeit → die Stiftung will die Öffentlichkeit aufklären
Gefährdung des Waldes   → der Wald ist gefährdet

6. Arbeiten Sie bitte in kleinen Gruppen!
Schreiben Sie die Abschnitte neu, und verwenden Sie statt der nominalen Ausdrücke verbale Formulierungen.
Beispiel: Die Stiftung versucht, die Öffentlichkeit darüber aufzuklären, daß der Wald gefährdet ist ...

7. Vergleichen Sie bitte die Gruppenergebnisse mit dem Originaltext!
Welcher Text ist kürzer/länger? Welcher klingt besser? Welcher ist leichter/schwerer verständlich? Welcher wirkt lebendiger, anschaulicher? Welcher spricht Sie mehr an? In welchem Kontext und zu welchem Zweck würden Sie eher den einen oder den anderen der beiden Texte verwenden?

8. Überlegen Sie: In welchen Texten findet man mehr ⊞ nominale Ausdrücke, in welchen weniger ⊟? Markieren Sie bitte!

Märchen ☐	Zeitungstexte ☐	Fachtexte ☐	Reportagen ☐
Interviews ☐	Werbetexte ☐	Vorträge ☐	Zusammenfassungen ☐
Erzählungen ☐	Aufzählungen ☐	Berichte ☐	Parolen und Schlagzeilen ☐
Gebrauchsanweisungen ☐			

9. **Schreiben**

Schreiben Sie den Text „Wald in Not" noch einmal und zwar mit einer guten Mischung aus nominalen und verbalen Ausdrücken. Schreiben Sie den Text so, daß er die Leserinnen und Leser stärker anspricht und motiviert.

3/K 24 Kontrollaufgaben (Wiederholung)

1. Sie sind Zeitungsreporter und besuchen eine Gewerkschaftsveranstaltung. Damit Sie die Forderungen der Gewerkschaft in ihrem Bericht aufzählen können, machen Sie sich Notizen.

Der Redner sagt: — **Sie notieren:**

1. Wir wollen, daß die Schwerarbeit abgeschafft wird. _Abschaffung der Schwerarbeit._
2. Wir wollen, daß die Arbeitsplätze gesichert werden. _____
3. Wir wollen, daß die Arbeitszeit verkürzt wird. _____
4. Wir wollen, daß die Löhne erhöht werden. _____
5. Wir wollen, daß die medizinische Versorgung der Arbeiter verbessert wird. _____
6. Wir wollen, daß die Umweltprobleme gelöst werden. _____

2. Bestimmen Sie bitte und kreuzen Sie an:

Welche der folgenden Sätze bezeichnen	1	2	3	4	5	6	7	8	9	10	11
– etwas Vergangenes											
– etwas Zukünftiges											
– ein Resultat (Zustandspassiv)											

1. Die Bücher sind schon bestellt.
2. Viele Neuerscheinungen sind in diesem Jahr auf dem Markt erschienen.
3. Im Jahr 2000 sind alle Wälder gerettet.
4. Deine Frage ist bereits beantwortet.
5. Nach langer Diskussion ist die Steuerreform doch noch gelungen.
6. Bis heute abend ist die ganze Arbeit erledigt.
7. An dieser Stelle ist das Wasser besonders vergiftet.
8. Die Nachfrage nach Fachbüchern ist in letzter Zeit gestiegen.
9. Ich finde mein Wörterbuch nicht mehr, es ist verschwunden.
10. Der Import von Waren aus den USA ist zurückgegangen.
11. Die Rechnung ist in drei Tagen bezahlt.

3. Europäischer Modeexport: Ergänzen Sie bitte **Präpositionen, Artikel** und **Artikelendungen**!

Mailand und Paris sind die zwei wichtigsten Modestädte Europas. _____ dies____ Städten finden jed____ Jahr groß____ Messen statt. Die Modefirmen verkaufen dort ihre Produkte _____ interessiert____ Geschäftspartner. Italien und Frankreich exportieren ihre Mode _____ all____ Welt: _____ Deutschland, _____ Großbritannien und _____ _____ Schweiz genauso wie _____ Japan und _____ _____ USA. Die Kleidung ist sehr teuer, denn zum Beispiel Baumwolle wird weder _____ Italien noch _____ Frankreich angebaut, sondern _____ ander____ Ländern eingeführt. _____ _____ Sowjetunion und _____ _____ USA kauft man sie direkt beim Produzenten.

1 Zum Einstieg ins Thema „Schule"

1. Lesen Sie bitte das Zitat links und schauen Sie sich die Zeichnung an!
Entsprechen Ihre Erinnerungen an Ihre Schulzeit eher dem Zitat oder eher der Zeichnung?

„Schule sollte ein Ort sein, an dem man
über einen langen Zeitraum hinweg in
materieller und geistiger Freiheit
Kenntnisse und Erfahrungen sammelt. Und
schließlich sollte Schule ein Ort sein, an
dem man sich gern aufhält, und zwar
sowohl Schüler als auch Lehrer."

Ingrid Dietrich

2. Welche der folgenden Stichwörter passen zu den Erinnerungen an Ihre Schulzeit?

☐ gute Lehrer   ☐ Leistungsdruck   Angst vor
☐ schlechte Lehrer   ☐ interessante Fächer   ☐ Klassenarbeiten
☐ strenge Lehrer   ☐ Langeweile   ☐ Zeugnissen
☐ ein besonders netter Lehrer   ☐ Freunde   ☐ Prüfungen
☐ eine besonders nette Lehrerin   ☐ Schulfeste   ☐ Strafen
☐ Spaß am Lernen   ☐ Streß   ☐ dem Schulweg
☐ Erfolgserlebnisse   ☐ Lob   ☐ Lehrern
     ☐ Mitschülern

Anderes: _____

Sprechen Sie über Ihre Erinnerungen, und erzählen Sie Beispiele!

A 1
+
A 2

2 **Wer sagt was?**

1. Hören oder lesen Sie bitte den Text A 1, und schreiben Sie dabei stichwortartige Angaben in die folgende Tabelle!

Was sagen sie über...	die Schule	die Eltern
Isabelle Bernard (Frankreich)		
Toshio Endo (Japan)		
Afad Hamdi (Ägypten)		

2. Toshio Endo sagt: „Wegen der späteren Karriere sind gute Leistungen und Zeugnisse sehr wichtig." Sind Sie auch dieser Meinung? Diskutieren Sie bitte! Sammeln Sie zuerst Argumente!

Pro:	Contra:
– Es ist wichtig, Karriere zu machen.	– Was heißt überhaupt „Karriere"?
– Zeugnisse zeigen, ob man intelligent ist, und das ist die Voraussetzung für eine Karriere.	– Gute Zeugnisse zeigen nicht, ob man intelligent ist, sie zeigen nur, daß man das gelernt und gesagt hat, was die Lehrer hören wollen.
– ...	– ...

A 3

3 **Trotz der Einheit: Nominaler Ausdruck mit Präposition**

Mit den Präpositionen „wegen, während, trotz, (an)statt" werden nominale Ausdrücke gebildet. Sie werden vor allem in der Schriftsprache, in Fachsprachen und bei offiziellen Redeanlässen (Nachrichten, Reden usw.) verwendet.

1. Lesen Sie bitte den folgenden Text zuerst durch!

In der Nacht vom 9. auf den 10. November 1989 wurde die Berliner Mauer geöffnet.
„In dieser Nacht war das deutsche Volk das glücklichste Volk der Welt", sagte der Regierende Bürgermeister von Berlin am nächsten Morgen.
Ein Jahr später, nach der deutschen Vereinigung am 3. Oktober 1990, sah alles ganz anders aus:
Die Menschen fühlten keine Freude mehr über die Vereinigung, sondern die Enttäuschung über die wirtschaftlichen Schwierigkeiten wuchs! Die Politiker hatten den Menschen im Osten versprochen, daß es ihnen nach der Einführung der DM besser gehen würde, und die Menschen hatten das geglaubt.
Aber die Versprechungen halfen nichts, die wirtschaftliche Situation im Osten Deutschlands wurde immer schlechter. Viele Menschen verloren ihre Arbeit. Die meisten besuchten *in der Zeit, in der sie arbeitslos waren,* Weiterbildungs- oder Umschulungskurse.

Das Thema allerdings, das die Öffentlichkeit am meisten beschäftigte, war die Fremdheit zwischen den Deutschen aus Ost und West:
Weil sie so lange getrennt waren und weil sie in verschiedenen Gesellschaftssystemen aufgewachsen waren, verstanden sie sich nicht mehr. So hatten die Schulen im Westen zum Beispiel ganz andere Erziehungsziele als die Schulen im Osten. *Westliche Erziehungsziele waren: Kritikfähigkeit, Selbstdarstellung und Eigeninitiative; im Osten wurde dagegen* Anpassung an die herrschende Ideologie und die Unterordnung des Individuums unter die Gesellschaft gefördert.

2. Bitte ändern Sie die schräg gedruckten Textteile in nominale Ausdrücke mit den oben genannten Präpositionen. Beachten Sie bitte, daß sich dabei die gesamte Struktur des Teilsatzes ändert.
Zum Beispiel: Statt der Freude über die Vereinigung fühlten die Menschen wachsende Enttäuschung ...

4   Wortbildung

Notieren Sie bitte möglichst viele zusammengesetzte Nomen aus dem Text mit den Begriffen **Schule**, **Bildung**/bilden!

	die	Schule	-pflicht
		Schule	
		Schule	
		Schule	
		Schule	
		Schule	
		Schule	

	das	Bildung	-s-system
		Bildung	
		Bildung	
		Bildung	
		Bildung	
		Bild	

4

5   Wortschatz

1. Ergänzen Sie bitte die fehlenden Wörter im Text!

Beachten Sie:
eine Schule besuchen
auf eine Schule gehen
einen Beruf erlernen
eine Lehre machen
ein Studium aufnehmen/beginnen

In der Bundesrepublik _____ etwa 70 % eines Jahrgangs nach der vierten Grundschul-

klasse eine weiterführende Schule. Davon _____ 30 % _____ die Realschule oder die Gesamt-

schule und 40 % _____ Gymnasium.

Auf der Realschule _____ man meistens nur eine Fremdsprache, auf dem Gymnasium zwei

oder drei. Um nach dem Abitur in einem Numerus-Clausus-Fach _____ zu können, muß

man ein sehr gutes _____ haben.

Zur Zeit gibt es etwa 1,2 Millionen Studenten, darunter ca. 6 % ausländische _____.

Ausländische _____ *bewerber* können das _____ erst

_____, wenn sie so gut Deutsch _____ haben, daß sie die

Vorlesungen verstehen können.

Wer nicht _____, sondern einen Beruf _____ will, macht eine

_____. Bis zum Alter von 18 Jahren muß man während dieser Zeit ein- bis zweimal in

der Woche die _____ _____.

2. Informieren Sie sich bitte: Wie viele Schüler (in Prozent) besuchen in Ihrem Land die verschiedenen Schulstufen? Stellen Sie eine kleine Statistik auf, und präsentieren Sie die Ergebnisse im Plenum.

6   „Student" oder „Schüler", „studieren" oder „lernen"?

1. Schauen Sie sich bitte die Fotos im Kursbuch auf Seite 55 an! Auf welchen Fotos sehen Sie
Studenten, auf welchen Fotos Schüler?
Kreuzen Sie bitte an:

Bild	1	2	3	4
Schüler				
Studenten				

2. Ergänzen Sie bitte:

In der ersten Grundschulklasse _____ die kleinen _____ erst mal

lesen und schreiben. Nach der Grundschule gehen etwa 40 % der _____ aufs

Gymnasium. Dort _____ sie mehrere Fremdsprachen, Informatik, Physik usw.

_____ findet man an der Universität und an Fachhochschulen.

Sie _____ dort ein bestimmtes Fach, z. B. Medizin oder Kunst. Wenn sie eine

Prüfung vorbereiten, müssen sie Tag und Nacht _____.

Erster Schultag mit Schultüte!

Was, glauben Sie, ist in der Tüte drin?

7   Vergleichen: Ihr Text
Vorbereitung für B 6 (fakultativ)

B 1
+
B 6

Lesen und ergänzen Sie bitte zuerst die Angaben über die Bundesrepublik in der linken Spalte! Besprechen Sie dann in der Klasse, wie es in Ihrem Land ist. Schreiben Sie die Angaben zu Ihrem Land in die rechte Spalte!

Bundesrepublik Deutschland

Ihr Land

1. Allgemeine Schulpflicht:
Sie beginnt mit _____ Jahren
und endet mit dem _____
Lebensjahr.

Bei uns beginnt die allgemeine Schulpflicht

2. Föderalismus:
Wenn eine Familie von Hamburg nach Bayern umzieht, so kann das für die Kinder recht problematisch werden, da der Bildungsbereich *nicht* _____ geregelt ist, sondern die Bundesländer ihre Schulformen und ihre Lehrpläne _____ bestimmen. Die Unterschiede von Land zu Land sind zum Teil ziemlich groß.

3. Universität:
In vielen Fächern gibt es
_____
(= Numerus clausus).

4. Über den „_____

_____" können

Erwachsene während oder nach einer

Berufstätigkeit die verschiedenen Schul-

abschlüsse nachmachen.

_____

_____

_____

_____

_____

5. Viele ausländische Studienbewerber

müssen vor der Aufnahme eines Studiums

erst noch ein _____

besuchen und eine Prüfung

_____.

_____

_____

_____

_____

_____

6. Die berufliche Ausbildung findet in

einem _____ *System*

statt, d. h. die _____

besuchen während der Lehre eine Berufs-

schule.

_____

_____

_____

_____

B 8 „Hochzeit" oder „Heirat"?

1. Lesen Sie bitte die Wörterbucheintragungen aus dem DUDEN von 1985! Was ist der Unterschied zwischen „Hochzeit" und „Heirat"? Schreiben Sie bitte Ihre Definitionen:

die Hochzeit = _____

die Heirat   = _____

Welches der beiden Wörter benutzt man eher in einem tabellarischen Lebenslauf?

2. Was bedeutete das Wort „Hochzeit" früher?

HOCHZEIT, *f.*, *mhd.* hôchzît, *hohe, festliche zeit, vgl. unter* hoch *sp.* 1603.
  1) *von geistlichen festen. man unterschied vier hochzeiten im jahr (weihnachten, ostern, pfingsten, allerheiligen.* Schm. 1, 1044 Fromm.) :

  1) *heirath, die schlieszung, eingehung einer ehe, verehelichung:* heirat, desponsatio, uxoratio, matrimonium. voc. inc. theut. i 3ᵇ; *die liebe ist ein fieber, von dem man nur durch die heirath geheilt wird. die ehe ist dann der zustand der gesundheit, des behaglichen glücks.*

Grimms Wörterbuch, Leipzig 1854

Hoch|zeit, die; -, -en: *mit einer Eheschließung verbundene Feier, verbundenes Fest:* wann ist denn deine H.?; H. feiern, halten.

Hei|rat, die; -, -en: *Verbindung von Mann und Frau zu einer Ehe.* sinnv.: Eheschließung, Hoch-zeit, Trauung; ↑Ehe.

DUDEN:
Das Bedeutungswörterbuch 1985

3. Können Sie auch die beiden folgenden Begriffe definieren?

die Ehe = _____

die Trauung = _____

4. „geheiratet" oder „verheiratet"?
Ergänzen Sie bitte:
a) Als mein Mann mit dem Studium fertig war,
_____ wir _____. Nun
_____ wir schon 11 Jahre miteinander
_____.

b) Familienstand: Sind Sie ledig, _____
oder geschieden?

> *Wir haben geheiratet.*
>
> Miguel Pereira · Christa Pereira
> geb. Sketing
>
> 6. Juni 1991

9 Ausschnitt aus einer Biographie

B

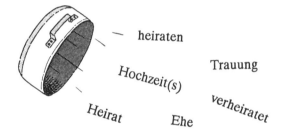

heiraten

Trauung

Hochzeit(s)

verheiratet

Heirat   Ehe

1. Ergänzen Sie bitte die fehlenden Wörter!

Ob ich glücklich _____ bin, fragen Sie? –
Ja, – was heißt glücklich – aber ich glaube schon –
Wissen Sie, ich bin ja nicht zum ersten Mal _____ .
Meinen ersten Mann habe ich damals in Paris kennengelernt. Er war Franzose. Wir kannten uns erst
zwei Monate – da _____ wir _____. Mein Mann wollte unbedingt eine große
_____ mit vielen Gästen. Bei der _____ in der Kirche trug ich ein langes
weißes _____kleid mit einem himmlischen kleinen Schleier. Ich fühlte mich wunderbar!
Durch die _____ wurde ich Französin und wir lebten in Paris. Unsere _____
ging dann leider nicht so gut, mein Mann lernte schließlich in seiner Firma eine andere, auch bereits
_____ Frau kennen, und wir ließen uns nach drei Jahren _____ scheiden.
Zwei Jahre später lernte ich meinen zweiten Mann kennen. Und ein Jahr später _____
wir. Auch mein zweiter Mann war schon einmal _____. Diesmal luden wir nur ein paar
Freunde zu einem kleinen _____essen nach dem Standesamt ein. Natürlich gab es auch
keine _____ in der Kirche. Seit meiner zweiten _____ geht es mir wirklich
gut – ach, ich habe ganz vergessen, es Ihnen zu sagen, ich erwarte ein Kind.

2. **Ihr Text:**
Sind Sie verheiratet? Wann haben Sie geheiratet? Wie? –
Vielleicht kann und mag der/die eine oder andere in der Klasse davon erzählen?

C 10 Das „kennen-können-wissen-Spiel"

1. Schreiben Sie bitte das richtige Verb zum entsprechenden Bild!

_____   _____   _____

 2. **Spiel!** (Reihenübung)

Jede/Jeder fragt den Nachbarn/die Nachbarin. Diese/r antwortet der Wahrheit entsprechend.

Beispiele:
Weißt du, wie der Mann im Mond heißt?
Kennst du den Präsidenten der Vereinigten Staaten?
Können Sie den Satz „vom Cottbusser Postkutscher" (siehe Kursbuch S. 63) fünfmal ohne Fehler sagen. Oder vielleicht lieber den Satz:
    „Hinter Hermann Hannes' Haus
    hängen hundert Hemden raus."

Punkte sammelt derjenige, der _kennen_, _wissen_, _können_ falsch verwendet.
Wer am meisten Punkte hat, hat verloren.

D 1 11 Redewiedergabe (Indirekte Rede) – direkte Rede

Reporter fragten Passanten im ganzen Bundesgebiet nach ihrer Meinung zum Thema „funktionaler Analphabetismus". Der Zeitungsbericht gibt die Meinungen der Befragten indirekt wieder.

1. Betrachten Sie bitte die Sätze, in denen die Meinung der Befragten wiedergegeben wird, und unterstreichen Sie die Verben!
Vergleichen Sie dann mit der Tabelle von D 2!

2. In einem Fall wird die Aussage eines Befragten direkt wiedergegeben. In welchem?

3. In dem Zeitungsartikel wird über die **Meinung der Passanten berichtet**. Wie haben die Passanten wirklich geantwortet?
Und – welche Frage wurde eigentlich gestellt?

Formulieren Sie bitte die Frage der Reporter, und notieren Sie danach die Antworten. (Denken Sie an den Pronomenwechsel!)

Reporter: _____

_____

Die Antworten:

Heidi Salchow aus Meppen: _____

_____

Prof. X, der seinen Namen nicht nennen wollte: _____

_____

Gisela Lieberwein, Hausfrau: _____

_____

Sabine Walper, Studentin:_____

_____

Gürbüz Can, Student: _____

_____

_____

_____

Alex Tolopp, Leiter einer Volkshochschule: _____

_____

DEUTSCH FÜR LEGASTENIKER/ LESEN UND SCHREIBEN VON ANFANG AN

Dieses Angebot richtet sich an deutschsprachige Erwachsene, die nicht oder nur wenig lesen und schreiben können, weil sie früher nicht die Möglichkeit hatten, es richtig zu lernen oder inzwischen wieder verlernt haben. Wer aus Angst vor vielen Fehlern keine Ansichtskarten schreibt, Formulare lieber von anderen ausfüllen läßt oder überhaupt Hemmungen hat, im Alltag zu schreiben, bekommt in kleinen Gruppen individuelle Hilfe.

Hinweis: Die Kurse sind nicht für Teilnehmer/innen geeignet, die „Deutsch als Fremdsprache" lernen.

Kursanzeige einer Volkshochschule

D 1
+
D 2

12 Interview: Direkte Rede – Indirekte Rede

Rollenspiel: Interview

1. Bilden Sie bitte Gruppen von 4–5 Teilnehmern. Ein Gruppenmitglied spielt Reporter/in, stellt die Interviewfrage und notiert stichwortartig die Antworten.
Jede/r Reporter/in wählt für seine/ihre Gruppe eine der folgenden Interviewfragen aus oder denkt sich selbst eine andere Frage aus.

Interviewfragen:

*Wußten Sie, daß es in der Bundesrepublik über eine Million
funktionale Analphabeten gibt?
Wie erklären Sie sich das?*

*Können Sie sich vorstellen, daß in der Bundesrepublik Kinder von ihren Eltern mißhandelt
werden?*

*Jeder Haushalt in der Bundesrepublik produziert im Jahr eine Tonne Müll.
Was meinen Sie dazu?*

*Wußten Sie, daß die Zahl der Verkehrstoten in den neuen Bundesländern **nach** der
Maueröffnung um 100 % gestiegen ist? Wie erklären Sie sich das?*

*Im Jahr 1991 gingen die Geburten in den neuen Bundesländern um über 50 % zurück.
Wo liegen die Gründe? Was meinen Sie?*

2. Jede/r Reporter/in gibt im Plenum die Meinung der Befragten wieder (indirekte Rede). Leiten Sie die Redewiedergabe ein mit Ausdrücken wie:

X sagte, daß ...
X sagte, ...
X meinte, ...
X behauptete, ...
X äußerte die Meinung, ...
X war sich nicht sicher, ob ...

Signale für indirekte Rede:
..., daß ... + Indikativ oder Konjunktiv I
Konjunktiv I
Konjunktiv II: wäre/hätte/würde + Infinitiv
Konjunktiv II-Formen von besonders
häufigen Verben z. B.: gäbe, käme, ginge, müßte

Indirekte Rede:
Gleichzeitigkeit von Haupt- und Nebensatz → Konjunktiv Präsens

Er sagt,
Er sagte,
Er hat gesagt,
⎫ er wisse das nicht/daß er das nicht wisse/
⎬ daß er das nicht weiß.

Vorzeitigkeit des Nebensatzes → Konjunktiv Perfekt

Er sagt,
Er sagte,
Er hat gesagt,
⎫ er habe das nicht gewußt/er hätte das nicht gewußt.
⎬ er sei nicht dort gewesen/er wäre nicht dort gewesen.

13   Text- und Redewiedergabe: Vortrag, Bericht

Bilden Sie bitte kleine Gruppen. Jede Gruppe wählt einen der drei folgenden Texte, erarbeitet gemeinsam das Textverständnis und bereitet die Aufgabe vor (schriftlich oder in Stichworten oder nur mündlich). Bestimmen Sie dann ein Gruppenmitglied (oder mehrere), das vor der Klasse die wichtigen Aussagen des Textes wiedergibt.

1. **Mit der Nase lernen?** Kann man das? Berichten Sie, was Franz Schab herausgefunden haben will. Beginnen Sie zum Beispiel so:
„Gerüche sollen Lernhilfe sein!! Folgendes wurde im Hamburger Abendblatt berichtet: Frank Schab, ein ehemaliger Psychologe der Yale-Universität, <u>habe herausgefunden</u>, ...“

Mit der Nase lernen

Frank Schab, ein ehemaliger Psychologe der Yale-Universität, hat herausgefunden, daß Gerüche in der Nase beim Lernen helfen. Schab hatte folgenden Test gemacht:

5 72 Studenten mußten eine Liste von 40 Adjektiven mit ihrem Gegenteil ergänzen. Dabei wußten sie nicht, daß sie sich am nächsten Tag an möglichst viele Wörter erinnern sollten.

10 Und das waren die Testbedingungen: Die Testpersonen wurden in vier Gruppen eingeteilt. Die erste Gruppe bekam während der Lösung der Aufgabe und am nächsten Tag den Duft von Schokolade. Zwei Gruppen be-

15 kamen den Schokoladenduft jeweils nur einmal. Die vierte Gruppe blieb „duftfrei“. Die erste Gruppe mit der schokoladigen Lernhilfe hatte bessere Ergebnisse als alle anderen Gruppen: Diese Studenten konnten sich an

20 ca. 21 Wörter erinnern. Die anderen drei Gruppen lagen unter 17 Prozent. Das Ergebnis hatte nichts damit zu tun, daß Schokolade angenehm riecht. Eine Wiederholung des Experiments mit dem Aroma von

25 Mottenkugeln* als „Lernhilfe“ führte zum selben Ergebnis.

Nach einem Bericht im Hamburger Abendblatt,
10.7.1990

Zur Erinnerung:

Perfekt Indikativ: Er hat herausgefunden, daß ...   Sie wußten nicht/haben nicht gewußt, ...

Perfekt
Konjunktiv:

Es wird berichtet, er habe herausgefunden, ..., sie   hätten nicht gewußt, ...

---

* die Mottenkugel

2. **Ein Glück, daß Schüler Fehler machen?** – Geben Sie die wichtigsten Gesichtspunkte zum Thema „Fehlerkorrektur" aus dem folgenden Artikel wieder.

Sie können etwa so beginnen:

„In einem Artikel über Fehlerkorrektur wurde behauptet, <u>es sei</u> ein Glück, daß Schüler Fehler machen. Der Autor des Artikels berichtete ..."

Ein Glück, daß Schüler Fehler machen

Bei Lehrerfortbildungsveranstaltungen in Indonesien wurde ich deutlicher noch als im europäischen Kontext immer wieder auf das Problem der Fehlerkorrektur angesprochen: einem Menschen offen vor einer Gruppe anderer sagen, daß er oder sie etwas falsch gemacht hat, läßt diesen „sein Gesicht verlieren". Entsprechend schwer fällt es den indonesischen Schülern und Studenten, im Fremdsprachenunterricht den Mund aufzumachen, Fehler zu riskieren. Und ebenso schwer ist es für die Lehrer, da sie ihre Schülerinnen und Schüler ja nicht entmutigen und bloßstellen wollen.

Fehler können die verschiedensten Ursachen haben. In jedem Fall braucht der Lehrer Fehler, um überhaupt zu wissen, welche Akzente er im Unterricht setzen, was er wiederholen, üben, besser erklären muß – das heißt Fehler sind wichtige Etappen auf dem Weg zur Sprachbeherrschung. Der Lehrer braucht die Fehler seiner Schüler, um besser unterrichten zu können.

Aus alledem folgt: Nur in Ausnahmefällen sollten Fehler einzelner Schüler herausgegriffen und vor der Klasse (öffentlich) korrigiert werden. Fehlerkorrektur kann systematisch als gegenseitige Korrektur in Partnerarbeit oder in der Kleingruppe geübt werden – dies fördert das Bewußtsein der Lernenden dafür, daß sie für ihren Lernprozeß mitverantwortlich sind.

Im Plenum sollten Fehler anonym korrigiert werden; d.h. daß der Lehrer Fehler über einige Unterrichtsstunden sammelt und dann in einem systematischen Zusammenhang bespricht, ohne dabei denjenigen zu nennen, der den Fehler gemacht hat.

Nach: Hans-Jürgen Krumm:
Ein Glück, daß Schüler Fehler machen!

3. **Schule in der Bundesrepublik!** – Berichten Sie, was Angelika Wagner darüber geschrieben hat.

Sie können etwa so beginnen:

„Frau Wagner beginnt mit der Feststellung, die heutige Schule in der Bundesrepublik Deutschland <u>sei</u> oft bedrückend für Lehrer und Schüler. Die Schule ..."

Was unsere Schule heute ist

Schule ist oft bedrückend für Schüler und Lehrer.

Die Schule bringt es fertig, aus Kindern, die neugierig und wissensdurstig in das erste Schuljahr kommen, in vielen Fällen innerhalb weniger Jahre apathische und desinteressierte Schüler zu
5 machen. Lehrer, die noch begeistert und engagiert ihre ersten Klassen übernommen haben, resignieren manchmal schon innerhalb von Wochen und geben ihre „Illusionen" auf.

Schule belastet jedoch nicht nur die Kinder, sondern auch die Eltern, vor allem die Mütter, die oft als „Hilfslehrerinnen der Na-
10 tion" zu Hause den schulischen Leistungsdruck fortsetzen müssen. Schularbeiten schaffen in vielen Familien ständig Konfliktsituationen. Durch die Studienplatzbeschränkung (Numerus clausus) hat sich der Leistungsdruck in den letzten Jahren stark erhöht. Und dieser Leistungsdruck macht die Schwächen unserer
15 Schule sichtbar: Angst vor Versagen, Angst vor der Schule sind psychologisch denkbar schlechte Voraussetzungen für das Lernen.

Dabei könnte Schule eigentlich ganz anders sein:
Ein Ort, wo Lernen Spaß macht, wo man interessante und aufregende Dinge entdecken kann, wo man lernt, was für einen selbst
20 wichtig ist, wo niemand erst „motiviert" werden muß, weil jeder tut, was er gerne tun möchte und was ihm sinnvoll erscheint.
Die Schule humaner machen für alle Beteiligten – das gelingt uns, wenn wir die Idee des schülerzentrierten Unterrichts ernst nehmen und in unseren Klassenzimmern verwirklichen.

Nach: Angelika C. Wagner: Was unsere Schule heute ist!

14 Nicht für die Schule, sondern für das Leben lernen wir ...?   E 1

Dieses Gedicht schrieb ein Deutschlehrer aus dem Iran. Haben Sie bei Ihrer Ausbildung (Schule, Universität usw.) ähnliche Erfahrungen gemacht?

Germanistikstudium

Wir lasen Brecht und zitierten Goethe.
Wir erfuhren
von der Wichtigkeit der Seele
bei Stifter
und erkannten
die Rolle des Konjunktivs
im Werk Robert Musils.
Wir lernten viel von Herrn Professoren,
die wir zutiefst verehrten.
Wie man sich im Leben behaupten kann,
das lernten wir aber nicht.

Rahnema Touradi (Iran)

Ihr Text: Schreiben Sie bitte einen Text (Bericht, Geschichte, Gedicht, ...) darüber, was Sie in der Schule usw. gelernt oder nicht gelernt haben.

1. Welche der folgenden **Sprichwörter** passen zu diesem Bild? Kreuzen Sie bitte an!

☐ Es ist noch kein Meister vom Himmel gefallen.
☐ Was Hänschen nicht lernt, lernt Hans nimmermehr.
☐ Früh übt sich, wer ein Meister werden will.

2. Können Sie das fehlende Wort in dem folgenden **Sprichwort** ergänzen? Was bedeutet das Sprichwort?

WAS ICH NICHT _____, MACHT MICH NICHT HEISS.

3. **Wortspiel**

Stellen Sie bitte bei den folgenden Wörtern den ersten Buchstaben nach hinten!
Wie heißen die neuen Wörter? Schlagen Sie bitte die Bedeutung im Wörterbuch nach!

roh	seine	Teil
Ehering	tagen	Frau
meine	dran	Blei
sein	Rabe	rufe
blau	Elend	reine
frei	lese	Rebe

Ich hatte schlechte Lehrer ... Das war eine gute Schule.
Arnfried Astel
?

4. **Erziehung**

Was könnte in den Sprechblasen stehen?

16 Wir werden nicht so geboren, wir werden dazu gemacht! (Erziehung)

Der wissenschaftliche Begriff für die Aussage, die in der Überschrift enthalten ist, ist
SOZIALISATION.
Unter Sozialisation versteht man die Art und Weise, wie ein Mensch durch die Erziehung in Eltern-
haus und Schule, durch die in der Gesellschaft herrschenden Normen und Werte geformt wird.
Diese Normen und Werte sind z. B. Vorschriften (auch religiöser Art), Tabus, Sitten und Bräuche,
Gewohnheiten, bestimmte erwünschte Verhaltensweisen usw.

1. Lesen, betrachten und diskutieren Sie bitte die folgenden Seiten zum Thema „Erziehung"! Kommt
Ihnen etwas aus Ihrer eigenen Erziehung bekannt vor? Überlegen und diskutieren Sie, was durch die
hier angesprochenen Punkte erreicht werden soll und was möglicherweise erreicht wird.

2. Suchen Sie Beispiele (Geschichten, Bilder, typische Sätze usw.) aus Ihrer Familie/Ihrem Land, und
machen Sie eine ähnliche Collage in Ihrer Klasse!

Poesiealbum* 1991

Liebe Cornelia

Sage nie, das kann ich nicht,
vieles Kannst Du, will's die
Pflicht
alles Kannst Du, will's die
Liebe.
Darum Dich im Schwersten
übe,
Schwerstes fordern Lieb,
und Pflicht.
Sage nie, das kann ich nicht.

Dies schrieb
Dir liebe Conny
Deine Mama

Hamburg den.
27. 2. 1991

Edel sei der Mensch,
hilfreich und gut.

Goethe

Sei stark, wenn es gilt,
Dich selbst zu bezwingen.
Sei schnell, wenn es gilt,
ein Opfer zu bringen.

Deine Muth-

---

* Ein kleines Buch, in das sich meist jüngere Mädchen Sprüche von Eltern, Verwandten und Freunden hineinschreiben lassen.

Essen

Die Zeitschrift **Eltern** fragte im Juni 1991 2040 Schülerinnen
und Schüler im Alter von acht bis 14 Jahren:
*Mußt du zu Hause alles essen, was auf den Tisch kommt? Und mußt du
deinen Teller immer leer essen?*
So waren die Antworten:

– 69 % der Befragten gaben an, daß sie alles essen müssen, was
 auf den Tisch kommt, egal ob es ihnen schmeckt oder ob sie
 sich sogar davor ekeln*.
– 57 % müssen ihren Teller ganz leer essen.
– Wer unzufrieden ist oder nicht essen will, wird von den
 Eltern geschimpft, in manchen Fällen auch bestraft.
– 5 % der Befragten sagten, sie bekämen das Essen, das sie
 stehen lassen, bei der nächsten Mahlzeit wieder vorgesetzt,
 kalt oder aufgewärmt.

Was mir nicht schmeckt, lasse ich
unterm Tisch verschwinden, wo
unser Hund meistens sitzt. Der
frißt das lautlos.

Hauptschüler, 14 Jahre

Wenn ich irgend etwas nicht essen
will, sagt mein Vater nur: Dritte
Welt! Dann überwinde ich mich
freiwillig.

Grundschülerin, 9 Jahre

Ich habe eine prima Mutter. Sie
fragt mich oft, was ich gern essen
möchte. Wir überlegen dann gemeinsam.

Realschüler, 13 Jahre

Mein Vater hat folgende eiserne
Regeln aufgestellt, die als Plakat in
der Küche hängen: 1. Tu dir nur
soviel drauf, wie du essen kannst.
Lieber zuwenig als zuviel! 2. Alles,
was auf den Tisch kommt, wird gegessen. Das ist Überlebenstraining,
weil man sich in einer Extremsitua-
tion ja auch von Blättern, Wurzeln,
Fröschen und Eidechsen ernähren
muß. Man muß sich deshalb ange-
wöhnen, alles zu essen, was es gibt,
selbst wenn es einem nicht
schmeckt. 3. Niemals ein saures
Gesicht machen. Immer so tun, als
wenn es toll schmeckt. Das verlangt
die Höflichkeit gegenüber der
Köchin.

Orientierungsstufenschüler, 11 Jahre

Meine Eltern sind sehr streng mit
mir. Wenn noch etwas auf dem Teller ist, muß ich ihn mit aufs Zimmer nehmen. Damit ich dort sehe,
wie sündhaft ich mit Gottes Gaben
umgehe.

Realschüler, 14 Jahre

Meine Eltern sind geschieden.
Wenn ich meinen Vater besuchen
darf, kocht er mir, was ich mir
wünsche. Aber oft geht das schief.
Dann lachen wir und gehen zu
McDonald's.

Grundschülerin, 8 Jahre

Mit Linsensuppe kann man mich ja-
gen. Aber meine Eltern verlangen,
daß ich mindestens einen halben
Teller davon esse. Sie meinen, da
wäre etwas drin, das gut fürs
Wachstum wäre. Ich will aber nicht
für mein Wachstum essen, sondern
weil mir's schmeckt.

Gymnasiast, 12 Jahre

Mein Vater erzählt immer, wie er
als Kind alles essen mußte. Davon
ist er mal schrecklich krank geworden. Da hat er sich vorgenommen,
das von seinen Kindern nicht zu
verlangen.

Realschülerin, 12 Jahre

Welche Essensregeln gab es (oder gibt es) bei Ihnen zu Hause?

* sich ekeln vor

4 17 Leselust zum Thema (fakultativ)

Wollen Sie wissen, wie man Karriere macht oder wollen Sie versuchen, sich auf eine Stellenanzeige zu bewerben?
Dann wählen Sie Text A oder Text B!

Text A: Eine ungewöhnliche Stellenanzeige (5./6.7.1991)

Setzen Sie sich bitte in kleinen Gruppen zusammen, und versuchen Sie herauszubekommen, was für einen Mitarbeiter diese Firma sucht. Wenn Sie glauben, daß Sie der- oder diejenige sind, der/die hier gesucht wird, dann schreiben Sie ein Bewerbungsschreiben!

Nein

Wir suchen keinen Kollegen mit 55 Jahren Berufserfahrung. Auch Einzelgänger haben bei uns keine Chance. Und Beamter kann bei uns auch niemand werden.

FÜR UNSEREN VERKAUF suchen wir keinen Einheitsmenschen ohne Persönlichkeit, ohne kaufmännische Ausbildung, ohne Gesprächsbereitschaft und ohne Eigeninitiative.

Wenn Sie nicht zu denen gehören, die wir nicht wollen, dann sagen Sie doch einfach **ja** und rufen uns an.

Wir sind als Vertriebspartner für **Canon** in Deutschland das führende Unternehmen in der Büro- und Datenkommunikation. Unsere Kundenliste reicht von A bis Z. Von so interessanten Kunden wie Architekten über Werbeagenturen bis hin zu Zahnärzten. Und wir bieten Ihnen fachbezogene Trainingsprogramme. Für Ihren Einstieg und für Ihre Zukunft.

ROLF POTTHAST Büro- und Datentechnik, Gotenstraße 20, 2000 Hamburg 1, Telefon 040/23 40 11

Text B: Zehn Tips für Ihre Karriere

1. Setzen Sie sich bitte in kleinen Gruppen zusammen!

2. Lesen Sie sich den Text erst einmal durch, und klären Sie gemeinsam den unbekannten Wortschatz.

3. Einigen Sie sich auf fünf Tips, die Ihre Gruppe für besonders wichtig hält, und fassen Sie jeden Tip in einem Satz zusammen. Schreiben Sie Ihre Tips auf ein Blatt Papier!

Beispiel: **Seien Sie nett zu Ihren Kollegen!**

4. Alle Blätter werden gesammelt und gemeinsam betrachtet. Die Tips werden diskutiert, besonders, wenn unterschiedliche Tips gewählt wurden.

5. **Ihr Text:**
Würden Sie in Ihrem Land noch andere Tips für eine Karriere geben? Welche? Schreiben Sie bitte!

Zehn Tips für Ihre Karriere

Von **Michael Remmert**

SAD **New York** – Sie ist Personalchefin eines der größten Computer-Unternehmen der USA. Jetzt gab Nancy Lane ihr Wissen an Berufseinsteiger weiter – mit zehn Tips zum Erklimmen der Karriere-Leiter.

Tip 1: Die Teilnahme an der in vielen Büros üblichen „Gerüchteküche" gilt als absolutes Tabu. Man könnte selbst schnell Opfer werden.

Tip 2: Auf die Kleidung muß Wert gelegt werden. Am besten: Nichts Provokatives anziehen, sondern gepflegt und unauffällig aussehen.

Tip 3: Kollegen werden neidisch, wenn jemand schneller befördert wird als allgemein üblich. Diese Kollegen sollte der Beförderte besonders nett behandeln, auch wenn es manchmal schwerfällt. Denn: Eine Lobby bei den Untergebenen kann wertvoller sein als das Wohlwollen eines einzelnen in der Chefetage.

Tip 4: Wer auf eine wichtige Geschäftsreise geschickt wird, sollte unter keinen Umständen absagen – außer, er ist wirklich ernsthaft krank. Nach wie vor gelten Geschäftsreisen als Privileg und bescheinigen dem Jungmanager, daß die Firma Vertrauen in ihn setzt und ihm die Repräsentation nach außen hin zutraut. Diesen Ruf sollte man nicht wegen irgendwelcher Partys aufs Spiel setzen. Dann kann man nämlich schnell als unzuverlässig abgestempelt werden.

Tip 5: Wenn jemand eine gute Idee oder einen Verbesserungsvorschlag hat, sollte er darüber nicht nur mit einem Chef sprechen. Viele Vorgesetzte aus dem mittleren Management „klauen" die Idee und stellen sie bei Gesprächen dann als ihre eigene hin. Da Nachwuchsleute selten Zugang zu Vorständen haben, bleibt nur ein Ausweg: Verbesserungsvorschläge sollten mit so vielen Leuten wie möglich besprochen werden.

Tip 6: Wer wirklich Grund zur Kritik hat, sollte den schriftlichen Dienstweg meiden. Oft kann ein Telefongespräch oder ein privates Treffen wirksamer sein, und Probleme können mündlich besser geklärt werden. Grundsätzlich gilt: Wer Kritik üben will, muß gut vorbereitet sein. Auch wenn man verärgert ist, sollte man immer sachlich bleiben.

Tip 7: Im Bereich der unmittelbaren Vorgesetzten sollte man versuchen, eine Vertrauensperson zu finden; am besten einen langjährigen Mitarbeiter, der nur noch wenige Ansprüche stellt, aber den „Laden kennt".

Tip 8: Wer eine eigene Sekretärin hat, sollte sich eine Dame aussuchen, die schon lange in der Firma arbeitet. Sekretärinnen kennen die ungeschriebenen Regeln eines Betriebes am besten und sind meistens ihrem Chef gegenüber loyal.

Tip 9: Wer Zeit hat, sollte Mitglied in Verbänden und Klubs werden, wo sich Mitglieder der Branche, auch von Konkurrenzfirmen, treffen. Es ist immer gut, Kontakte zu pflegen und notfalls ein anderes Stellenangebot bei der Hand zu haben.

Tip 10: Vorsicht ist der beste Rat. Wer Zweifel an seinen Mitarbeitern hat, sollte am besten nur sich selbst und seinem Urteilsvermögen trauen.

Hamburger Abendblatt, 9.3.1989

4 18 Deutschland kennenlernen
(Statt einer Kontrollübung)

Schreiben Sie bitte die Namen der Bundesländer in die nebenstehende Karte! Die folgenden Angaben helfen Ihnen dabei! Unterstreichen Sie die Namen der neuen Bundesländer farbig! Damit es spannender wird: Machen Sie ein Wettspiel daraus! Mehrere Gruppen arbeiten parallel. Wer zuerst fertig ist, hat gewonnen!

Schleswig-Holstein: Das nördlichste Bundesland, grenzt an Dänemark.

Hessen: Liegt irgendwo in der Mitte. Frankfurt ist nicht die Landeshauptstadt.

Bayern: Jeder weiß, daß hier die Bayern wohnen und daß es den Süden stark macht.

Sachsen-Anhalt: Nie gehört? Es ist ein neues Bundesland und wirkt ein bißchen zusammengedrückt zwischen Thüringen und Brandenburg.

Mecklenburg-Vorpommern: Das Land der Seen und Alleen liegt an der Ostsee.

Saarland: Dort ist alles ein bißchen französisch. Der kleinste Flächenstaat der Bundesrepublik.

Nordrhein-Westfalen: Hier leben die meisten Bundesbürger, und der Himmel über der Ruhr ist wieder blau.

Niedersachsen: Wenn man die Stadt Hamburg in Richtung Süden verläßt, ist man schon dort.

Hamburg: Ein Stadtstaat. Das Tor zum Norden (zur Welt?).

Brandenburg: Kann endlich wieder Berlin umarmen.

Berlin: Aus zwei mach eins.

Thüringen: Hier gibt es sicher nicht nur Thüringer Wurst, auch Weimar liegt in diesem Bundesland. Hält mit Hessen die Mitte.

Bremen: Ein Stadtstaat, eine Autostunde südwestlich von Hamburg.

Rheinland-Pfalz: Wo Rhein- und Moselwein wachsen.

Baden-Württemberg: Hier wohnen die Schwaben, deshalb wird es auch das „Ländle" genannt. Macht mit Bayern zusammen den Süden stark.

Sachsen: „Wo die schönen Mädchen auf den Bäumen wachsen." Streckt die Nase am weitesten nach Osten vor.

Diese Karte zeigt die Umrisse der Bundesländer.
Die Zahlen sind die Einwohnerzahlen in Millionen.
Die eingezeichneten Städte sind die Landeshauptstädte der Bundesländer.

5

A 1
↓
A 3

1 Übersetzen

Bitte tragen Sie die Ziffern in die entsprechenden Kästchen ein!
Bei welchen Übersetzungen muß man den fremdsprachigen Text eher ...

1 Wort für Wort und Satz für Satz
übersetzen

2 übertragen/adaptieren

3 frei übersetzen

?

☐ Gedicht
☐ Gebrauchsanweisung
☐ Roman
☐ Werbespot
☐ Gespräche zwischen Politikern
☐ Wirtschaftsverhandlungen
☐ Internationale Konferenzen
☐ wissenschaftliche Fachtexte/Vorträge
☐ Gerichtsverhandlungen
☐ Aushandeln zwischenstaatlicher Verträge

2. Kennen Sie Fälle/Situationen, bei denen durch nichtadäquates Übersetzen Mißverständnisse entstanden sind? Berichten Sie bitte!

A 3 ## 2 Fachwortschatz „Werbung"

Finden Sie bitte möglichst viele Wörter aus der Wortfamilie „werben/Werbung"!
Diskutieren Sie die Bedeutung derjenigen Wörter, die Sie nicht gleich verstehen.

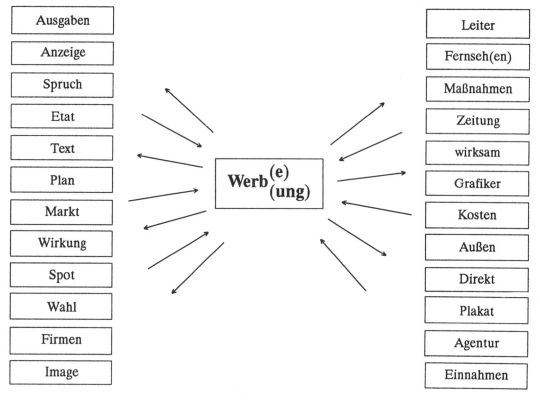

3   Werbung international

1. Könnte man mit diesen Bildern in Ihrem Land werben?
Wofür? Bei welcher Zielgruppe?
2. Erfinden Sie bitte einen passenden Werbeslogan oder Werbetext zu den Bildern!
3. Wofür, glauben Sie, wird in Deutschland mit diesen Bildern geworben?
4. Auf Seite 116 finden Sie die zu diesen Bildern gehörenden Texte/Slogans. Welcher Text gehört zu welchem Bild?
5. Könnte eine dieser Werbeanzeigen (Bild und Text) in Ihrem Land eingesetzt werden?

A 8   4   Eine traurige Geschichte: Textaufbau

Ein Text ist wie ein Puzzle, bei dem alle Teile ineinandergreifen.

1. Schreiben Sie bitte die Geschichte von Michael. Die Reihenfolge der Sätze ist zwar angegeben, aber Sie müssen die richtigen Satzanfänge (Satzanschlüsse) finden.

Und so beginnt die Geschichte:

1   Michael war vor vielen Jahren ein erfolgreicher Klavierspieler. Aber ...

2. Analysieren Sie in Ihrem fertigen Text die Satzanschlüsse, d.h. überprüfen Sie noch einmal die Satzteile, die auf Position I (am Anfang des Satzes) stehen. Verknüpfen sie die einzelnen Sätze sinnvoll? Auf welche Elemente (Satzteile, Informationen) im vorangegangenen Satz beziehen sie sich? Markieren Sie bitte diese Bezüge. Beispiel Satz 1 und Satz 2:

Michael war vor vielen Jahren ein erfolgreicher Klavierspieler.

Aber   er mußte stundenlang ...

(„Aber" bezieht sich auf den ganzen vorhergehenden Satz.)

5 Wörter haben viele Bedeutungen

1. „gehen"

Was bedeutet „gehen" in diesen Beispielen? Bitte übersetzen Sie die Sätze in Ihre Muttersprache!
Welche Entsprechungen hat das Verb „gehen" in Ihrer Muttersprache?

Geh mir aus dem Weg!

Gehst du mit?

Meine Uhr geht vor. –
Und meine geht nach.

Langsam geht die Sonne unter.

Drei Stunden lang ging es immer bergauf.

Das Feuer ist ausgegangen.

Er geht in Rente.

Ilse geht einkaufen.

Laß uns zurückgehen!

Wie geht es euch?

gehen

Sie ging ihren Weg.

Am Sonntag abend wollen wir mal ausgehen.

Jetzt gehen wir nach Hause.

Laß uns spazierengehen!

Der Mond ist aufgegangen ...

Das geht dich nichts an!

Geh mir aus den Augen!

Nichts geht mehr.

Der Zucker ist ausgegangen.

2. „los"
Übersetzen Sie bitte in Ihre Muttersprache:

(Sport) „Auf die Plätze, fertig, los!"
Was ist denn hier los?
Heute ist in der Stadt was los?
Los, beeil dich, wir müssen fort!
Das ist kein Buch, das sind ja nur noch lose
    Blätter!

3. Ein **schöner** Text!
– In welchen Fällen ist „schön" ironisch
  gemeint?
– Übersetzen Sie in Ihre Muttersprache und
  vergleichen Sie: Wie drücken Sie die Bedeutung von „schön" aus?

Schön

Sei schön brav!
Gib schön die Hand!
Mach schön die Aufgaben!
Der Lehrer wird sich schön wundern!
Das sind schöne Aussichten!
Ich werde mich schön langweilen!
Du wirst schöne Augen machen!
Laß die schönen Worte!
Das ist kein schöner Zug von Dir!
Du bist ein schöner Freund!
Von dir hört man schöne Sachen!
Das ist eine schöne Bescherung!
Du hast etwas Schönes angerichtet!
Das wird ja immer schöner!
Du bist schön dumm!
Sei schön lieb!
Na schön!
SCHÖN!

Rosemarie Künzler-Behnke

C 1 **6** **Ich liebe dich. – Du liebst mich nicht.**

Satzverneinung
Beispiel: Ich liebe dich. (= Es trifft zu, daß ich dich liebe.)
Du liebst mich nicht. (= Es trifft nicht zu, daß du mich liebst.)

Schreiben Sie bitte die Geschichte einer **nicht** erhörten Liebe!

Ich liebte.	Du nicht!
Ich liebte dich.	*Du liebtest mich nicht.*
Ich suchte deine Nähe.	_____
Ich fand dich schön.	_____
Ich schaute dich an.	_____
Ich sehnte mich nach dir.	_____
Ich wartete jeden Tag auf dich.	_____
Ich hoffte sehnsüchtig auf ein Zeichen von dir.	_____
Dann ging ich fort von hier.	*Du bliebst hier.*
Ich habe dich vergessen.	_____

7 Das Gegenteil trifft zu: Satzverneinung

In Wirklichkeit ist genau das Gegenteil der Fall! Schreiben Sie bitte das kleine Wörtchen „nicht" an die passende Stelle!

1. Ich übersetze ∨ *nicht* gern. Deshalb habe ich den Text alleine übersetzt. Der Text war auch wirklich sehr interessant.

2. Frau Schwarz ist heute gut gelaunt. Denn sie hat in der Nacht gut geschlafen und morgens ausgeschlafen. Als sie aufwachte, war ihr Mann noch da, und sie konnten zusammen frühstücken. So konnte sie mit ihm über ihre beruflichen Pläne sprechen.

3. Christian Roth ist glücklich, denn er hat seine Freundin rechtzeitig anrufen und ihr sagen können, daß er nächste Woche frei hat und mit ihr gerne ein paar Tage Urlaub machen würde.
(Und sie hat ihm gesagt, daß sie auch frei hat.)

Satznegation:
„nicht" steht
- **vor dem Adjektiv:**
Der Zug kam nicht pünktlich.
Der Zug fuhr nicht schnell.
- **vor V2:**
Der Zug hielt nicht an.
- **vor dem Substantiv bei Wendungen wie:**
Klavier spielen. Ich spiele nicht Klavier.
Bescheid wissen. Ich weiß nicht Bescheid.
- **vor dem Infinitiv, nach dem Personalpronomen:**
Ich werde dich nicht anrufen.
- **vor Lokal- und Direktiv- und Präpositionalergänzungen**
Der Zug fuhr nicht nach Rom.
Der Zug stand nicht auf dem richtigen Gleis.

Es steht meist
nach der Akkusativergänzung:
Ich habe deinen Brief nicht bekommen.
nach Temporalangaben und Partikeln:
Er kommt leider nicht.
Er kommt heute nicht.
Er kommt überhaupt nicht.

8 Ich liebe dich nicht – Dich liebe ich nicht (, sondern/aber ...): Sensibilisierung

C 2

1. Formulieren Sie bitte die beiden fettgedruckten Sätze um. Lesen Sie die Sätze dann bitte laut vor, und markieren Sie die Satzintonation!

Ich liebe dich nicht.

(dich, ihn): *Ich liebe nicht dich, sondern ihn.* _____

(ich, meine Schwester): _____

(lieben, mag dich gern.): _____

Ich kann dich morgen nicht besuchen.

(morgen, übermorgen): _____

(dich, Ilse): _____

(ich, Micha): _____

(besuchen, anrufen): _____

2. Was ist der Unterschied? Markieren Sie bitte die Satzintonation!

a Der Brief ist gestern <u>nicht angekommen</u>.   b Der Brief ist <u>nicht gestern</u> angekommen.

c Ich möchte dir das jetzt <u>nicht erklären</u>.   d Ich möchte dir das <u>nicht jetzt</u> erklären.

e Wir können uns morgen leider <u>nicht</u> treffen.   f Wir können uns leider <u>nicht morgen</u> treffen.

g Der Zug kam <u>heute nicht</u> pünktlich an.   h Der Zug kam <u>nicht pünktlich</u> an heute.

3. Was ist möglich? Was ist nicht möglich?

In jeder der beiden Spalten sind zwei Sätze nicht möglich. Machen Sie bitte die mündliche Probe mit Hilfe der Intonation. Streichen Sie die nicht möglichen Sätze bitte durch! Was ist falsch?

a Ich denke nicht über das Problem nach.
b Nicht ich denke über das Problem nach.
c Ich denke über das Problem nicht nach.
d Ich nicht denke über das Problem nach.
e Nicht über das Problem denke ich nach.
f Über das Problem denke ich nicht nach.
g Ich nicht nachdenke über das Problem.

i Frau Anwar übersetzt leider nicht gern Gedichte.
j Leider übersetzt Frau Anwar Gedichte nicht gern.
k Gedichte übersetzt Frau Anwar leider nicht gern.
l Leider Frau Anwar nicht gern übersetzt Gedichte.
m Leider übersetzt Frau Anwar nicht gern Gedichte.
n Leider nicht übersetzt Frau Anwar gern Gedichte.

E 2 9 „Nicht" oder „kein" – das ist hier die Frage!

1. Lesen und schreiben Sie bitte!

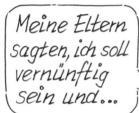

Meine Eltern sagten, ich soll vernünftig sein und...

Aber ich bin nicht „vernünftig" gewesen. Ich habe alles anders gemacht!

(Was sagt sie?)

– erst einmal den Realschulabschluß machen,

– eine Lehre als Rechtsanwaltsgehilfin absolvieren,

– und dann keine Karriere machen,

sondern:

– einen netten Mann kennenlernen,

– heiraten,

– eine Familie gründen,

– Kinder bekommen,

– nur an die Familie denken,

– Lust haben, jeden Tag zu kochen,

– immer Geduld haben,

– keine Erfolgserlebnisse haben,

– kein eigenes Geld haben,

_____

_____

_____

_____ .

Ich habe nicht den Realschulabschluß gemacht,

_____

sondern:

Ich habe das Abitur gemacht und studiert.

Und dann habe ich Karriere gemacht:

Ich habe ...

k _____ ,

_____ ,

_____ ,

_____ ,

_____ ,

_____ ,

Dafür habe ich _____ ,

_____ ,

_____

_____

_____

_____ .

2. **Leichter gesagt, als getan!** Ergänzen Sie bitte!

A: Was hältst du eigentlich vom Sport?

B: _____ so viel, ich treibe _____ Sport.

A: Hast du denn gar _____ Interesse daran, fit zu bleiben?

B: Ich weiß auch _____ , ich bin eben _____ sportlicher Mensch.

A: Ich verstehe dich _____ . Warum achtest du _____ ein bißchen auf deine Figur?

B: Du hast ja recht, ich bin ziemlich dick geworden. Es schmeckt mir eben, auch wenn ich

_____ Hunger habe. Im übrigen habe ich _____ Lust, immer nur an meine

Figur zu denken.

A: Ich glaube, du solltest ein bißchen umdenken. Von dir höre ich immer nur: Ich hab

_____ Lust, _____ Zeit, _____ Geld, ich mag _____ ,

kann _____ , will _____ .

B: Ach, du verstehst mich _____ , _____ Mensch versteht mich!

A: Ich verstehe dich schon. Aber so geht es eben _____ . Versuch' doch mal ein bißchen

positiv zu denken!

B: Das ist leichter gesagt als getan!

10 Zukunftsvisionen: nicht einen, keinen einzigen (mehr)   E 2

1. Lesen Sie bitte den folgenden Text!

Der traurige Planet

Im Jahre 2500 wird es nur noch wenige Bäume auf der Erde geben.
Es wird auch nur noch wenige Menschen geben. Und da auch nur noch wenige Kinder geboren
werden, werden die Menschen langsam aussterben. Gras und Blumen, Schmetterlinge und Vögel
werden allmählich verschwinden. Ob es dann noch einen Fluß gibt, dessen Wasser man trinken
kann? Auch von den meisten anderen Tieren wird es nur noch wenige geben: Hunde, Katzen,
Tiger, Löwen, Elefanten ... Vielleicht gibt es in manchen Ländern noch eine funktionierende
Regierung. Aber die kann auch nur noch wenig machen. Häuser, Kirchen, Paläste, alles verfällt
langsam. Wird es dann noch einen Ort geben, wo es sich lohnt zu leben? Wird man noch
irgendwo ein Lachen hören? ...
Aber irgendwann, irgendwann und irgendwo, wenn die letzten Menschen schon lange gestorben
sind, wird alles wieder von vorne anfangen.

2. **Im Jahr 3000 gibt es dann nichts mehr. Der Planet ist leer.**
Bitte schreiben Sie den Text neu (und weiter?), und verwenden Sie die Verneinungen „nicht, kein/e,
nicht ein/e ..., (k)ein ... einzig ... (mehr)" usw.
Beginnen Sie bitte so:
Wenn wir so weitermachen, wird es im Jahre 3000 keinen einzigen Baum mehr ...

C
+
E

11 Neues vom Rumpelstilzchen: Negation

Lesen Sie bitte!
Die Sache mit dem Rumpelstilzchen (siehe S. 22) liegt nun schon einige Jahre zurück. Die Königin hat alles längst vergessen. Doch ein Diener hat die Geschichte an eine Boulevardzeitung verkauft. Diese schickt sofort einen Reporter zur Königin. Die Königin leugnet* alles: Nichts sei wahr, alles gelogen ...

Hier der Anfang des Interviews:

Reporter: Sehr geehrte Frau Königin, man hat uns berichtet, daß Sie Ihr Glück einem Herrn Rumpelstilzchen verdanken.

Königin: Das stimmt überhaupt nicht. Ich kenne ...

Reporter: Aber Ihr Diener berichtet, daß Sie damals, als Sie das Stroh zu Gold spinnen sollten, so lange geweint haben, bis dieser Herr Rumpelstilzchen plötzlich zur Tür hereingekommen ist.

Königin: Das ist eine Lüge. Ich habe ...

Reporter: Doch, man sagt sogar, Sie hätten dem Herrn Rumpelstilzchen Ihr Halsband gegeben. Und dann soll Herr Rumpelstilzchen das Stroh ...

Königin: Unerhört! ...

Reporter: Und dann, in der zweiten Nacht ...

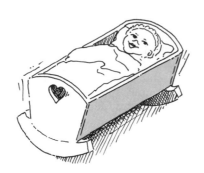

Rollenspiel: Spielen Sie bitte das Interview! (Sie können auch noch andere Personen auftreten lassen: den König, der plötzlich hereinkommt; das Kind, das neugierige Fragen stellt; eine Dienerin, die durch das Schlüsselloch geschaut und alles gesehen hat ...)

            * leugnen

12 Verneint oder nicht verneint?

E 2 ↓ E 5

Was wird hier gesagt? Kreuzen Sie bitte an! Besprechen Sie Ihre Ergebnisse!

1. Sie macht es nicht ungern.
   - = ☐ Sie macht es gern.
   - = ☐ Sie macht es nicht gern.

2. Bis auf einen haben alle die Prüfung bestanden.
   - = ☐ Nur einer hat die Prüfung bestanden.
   - = ☐ Einer hat die Prüfung nicht bestanden. Alle anderen haben bestanden.

3. Es war niemand da, der widersprochen hätte.
   - = ☐ Niemand war da.
   - = ☐ Keiner von den Anwesenden hat widersprochen.

4. Das ist nicht anders als bei uns.
   - = ☐ Das ist wie bei uns.
   - = ☐ Das ist nicht wie bei uns.

5. Er hat nicht nur geheiratet, sondern auch Examen gemacht.
   - = ☐ Er hat nicht geheiratet, weil er Examen machen mußte.
   - = ☐ Er hat geheiratet und das Examen gemacht.

6. Er hat das Buch nicht ohne Interesse gelesen.
   - = ☐ Er hat das Buch nicht gelesen, weil es ihn nicht interessiert.
   - = ☐ Er hat das Buch mit Interesse gelesen.

13 noch (nicht) ⟷ nicht/nichts/kein ... mehr

E 5

Quantität:

Es ist noch nicht genug.   **Jetzt ist es genug: es reicht.**

1. Ergänzen Sie bitte!

1. ● Darf ich Ihnen _____ etwas anbieten?
   ○ Danke, ich möchte wirklich _____ _____.

2. ● Kannst du _____ ein bißchen bleiben?
   ○ Ich hab' leider _____ _____ _____.

3. ● Möchten Sie _____ etwas wissen?
   ○ Ich glaube _____ _____, ich habe alles verstanden.

4. ● Haben Sie keine ZEIT mehr?
   ○ Doch, da drüben liegt _____ _____.

5. ● Hast du _____ _____ genug? Dann nimm dir _____ ein Stück Schokolade!

2. Finden Sie bitte **eigene Beispiele!**

E 5   14   schon – noch nicht – erst – noch

Zeit:

1. **früher, schneller**
   besser als erwartet   **Es ist noch (zu) früh.**

2. **länger als erwartet**

1. Ergänzen Sie bitte!

1. Hast du das Buch _____ gelesen? –

    Nein, _____ _____ . Ich habe es ja _____ gestern gekauft.

2. (21. 6. 1991)

    Hast du _____ die neuesten Nachrichten gehört? –

    Nein, _____ _____ . Was ist los? –

    Gerade hat der Bundestag beschlossen, daß Berlin wieder Hauptstadt mit Regierungssitz wird. –

    Ach! Und was passiert jetzt mit Bonn? –

    Das müssen die sich _____ noch überlegen.

3. Ich bin _____ fertig! Und du? –

    Ich bin _____ _____ so weit. Ich habe gerade _____ angefangen.

4. Jetzt warte ich _____ eine halbe Stunde. Wie lange soll ich denn _____ warten!

2. Finden Sie bitte **eigene Beispiele** mit „schon, noch/noch nicht, erst"!

15 Wie wird daraus wieder ein Gedicht? Nebensätze G

In einem Gedicht von Bertolt Brecht sind die Zeilen durcheinandergeraten. Schreiben Sie bitte das Gedicht so, daß die linken und die rechten Zeilen zusammenpassen. Wie viele Relativsätze finden Sie in dem Gedicht?

_____

_____

_____

_____

_____ Bertolt Brecht

Ich will mit dem gehen,	ob er mich liebt.
Ich will nicht ausrechnen,	den ich liebe.
Ich will nicht nachdenken,	was es kostet.
Ich will nicht wissen,	den ich liebe.
Ich will mit ihm gehen,	ob es gut ist.

16 Relativpronomen (Wiederholung) G

1. Übungen zur Wiederholung des Relativpronomens finden Sie zum Beispiel im Arbeitsbuch zu Sprachbrücke 1, Lektion 12, Ü 14–16.

2. **alles, was**

Was paßt in die Lücken? Schreiben Sie bitte!

alles, was
nur (das), was
nichts, was
etwas, was
nichts (von dem), was

Ich seh' _____, _____ du nicht siehst.

Sag mir _____, _____ du weißt.

Ich weiß _____, _____ alle wissen.

Er sagte _____, _____ sie nicht schon wußte.

Ich habe _____ vergessen, _____ du mir damals gesagt hast.

3. Mit dem Relativsatz wird eine Person oder eine Sache genauer definiert.

Machen Sie bitte eine schnelle Reihenübung in der Klasse! Bilden Sie nur die passende Form des Relativsatzes! Verwenden Sie das Relativpronomen „wo", wo es möglich ist.
Beispiel: Ich bin in der Stadt geboren. → Die Stadt, wo (in der) ich geboren bin.

Und nun Sie bitte!
In dem Land habe ich meine Jugend verbracht –
Du siehst dort die Spitze des Turmes –
Ich habe ein Buch gelesen –
In dem Buch gibt es so viele schöne Zeichnungen –
Ein einziger hat das gehört –
Ihr unterhaltet euch über den Film –
In dieser Firma haben wir uns kennengelernt –

Er bewirbt sich um ein Stipendium –
Wir müssen auf die Grammatikregeln achten –
Er hat den Artikel in einer Fachzeitschrift veröffentlicht –
Ich habe den Namen der Schauspielerin vergessen –
Ich verstehe mich nicht gut mit diesen Leuten –
Du sprichst von dem Bild –
In dem Restaurant haben wir gegessen –

4. Definition von Begriffen

Bitte versuchen Sie, die folgenden Begriffe mit Hilfe eines Relativsatzes zu definieren!
Was ist ...

eine Wegwerfgesellschaft – ein Schrebergarten – eine Ellenbogengesellschaft – ein Selbstbedienungsladen – eine Zweidrittelgesellschaft – eine Mitfahrzentrale – eine wilde Ehe – eine Tagesmutter – ein Gartenzwerg – ein Hasenfuß –

G 17 Eine ganz alltägliche Zeitungsmeldung: Relativsatz im Text

Relativsätze findet man häufig in Zeitungstexten: Substantive/Personen werden durch einen eingeschobenen Relativsatz näher definiert.

Lösen Sie bitte die folgende Aufgabe allein oder zu zweit!

1. Bitte betrachten Sie zuerst das Bild, und sprechen Sie kurz darüber! Jetzt wissen Sie schon, worüber diese Zeitungsmeldung berichtet.
2. Lesen Sie dann bitte den Text in der linken Spalte und danach die zusätzlichen Angaben in der rechten Spalte.
3. Schreiben Sie den Text bitte neu, und integrieren Sie dabei die Angaben in der linken Spalte in Form von Relativsätzen.

Beispiel Zeile 5: Der Täter, *der mit einem Motorrad von hinten herangefahren kam,* riß ...

Taschen- und Jackenraub

Gestern kam es wieder zu mehreren Überfällen* im Stadtgebiet.

Der erste Überfall geschah schon am frühen
5 Vormittag. Der Täter* riß einer 60jährigen Frau die Tasche aus der Hand und brauste davon. Nach Auskunft von Augenzeugen war der Täter etwa 20 bis 25 Jahre alt.

Der zweite Überfall geschah wenig später nicht
10 weit vom ersten Tatort. Diesmal fuhr der Täter mit einem Fahrrad an eine junge Frau heran und riß ihr die Umhängetasche von der Schulter. Die Frau schrie um Hilfe, aber der Täter war schon um die nächste Ecke verschwunden.

15 Opfer* des dritten Überfalls wurden zwei vierzehnjährige Schüler. Sie wurden plötzlich von vier Jugendlichen umringt. Die Schüler mußten ihre Lederjacken und ihr Geld hergeben.

Die Polizei stellte fest, daß immer weniger
20 Menschen bereit sind, den Opfern zu helfen.

(Weitere Angaben, die in den Text eingebaut werden sollen:)

Der Täter kam mit einem Motorrad von hinten herangefahren. Die Frau hatte gerade Geld von der Bank geholt. Der Täter trug einen hellbraunen Blouson.

In der Umhängetasche befanden sich 200,– DM. Die dreijährige Tochter der Frau stürzte durch die starke Bewegung zu Boden. Der Täter wurde von Augenzeugen als blond und jugendlich beschrieben.

Die Schüler wollten gerade ins Kino gehen. Die Jugendlichen bedrohten sie mit einem Taschenmesser. Keiner der Passanten kam den Schülern zu Hilfe.

Die Polizei registriert eine steigende Zahl solcher Überfälle. Bei den Opfern handelt es sich häufig auch um Kinder und Jugendliche.

* der Überfall; die Tat, der Täter; das Opfer

18 Wo „sitzen" die Gefühle im Körper?

Wo sitzt in Ihrer Sprache „die Angst"? Wo spüren Sie „den Ärger" oder „eine schlechte Nachricht?"

Im Deutschen sieht das so aus:

Wie heißen die entsprechenden deutschen Wendungen?

19 Wortbildung mit „-un" und „-los"

1. Wie heißen die Adjektive?
Schreiben Sie bitte!

2. Üben Sie bitte mit den Ausdrücken in Spalte 1 noch einmal die Verneinung mit „kein":

ohne Probleme	*problemlos*	Er hat _____ .
ohne Fehler	_____	Sie macht _____ .
ohne Gefühl	_____	Ihr habt _____ für Musik.
ohne Arbeit	_____	Er hat schon lange _____ Arbeit _____ .
ohne Appetit	_____	Ich habe heute überhaupt _____ Appetit.
ohne Lust	_____	Wir haben _____ Lust.
ohne Gedanken	_____	Du machst dir wohl _____ Gedanken.
ohne Phantasie	_____	Ihr habt _____ Phantasie.
ohne Ziel	_____	Er hat _____ Ziel vor Augen.
ohne Sinn	_____	Das hat doch _____ !
ohne Schuld	_____	Sie hat _____ daran!

aber:
ohne Angst: angstfrei

Ich habe _____ Angst.

3. Verdeutlichen Sie bitte die Bedeutung der folgenden Adjektive mit Hilfe von Umschreibungen! Manchmal haben die Adjektive übertragene Bedeutung. Wie wird in Ihrer Muttersprache ausgedrückt, was im Deutschen mit dem Suffix „-los" ausgedrückt wird?

Beispiel:
farblos: ein farbloser Mensch ≠ ein Mensch ohne Farbe, sondern „ein unbedeutender, uninteressanter Mensch"
zeitlos – fraglos – lautlos – herzlos –sprachlos – ereignislos – taktlos – lieblos – endlos – geistlos – stillos – kulturlos – charakterlos – freudlos

Finden Sie noch mehr Adjektive mit dem Suffix „-los"?

4. Was ist ...
– ein ungelernter Arbeiter
– eine unerhörte Geschichte
– eine unerhörte Liebe
– eine ungeschickte Bewegung
– die ungeschminkte Wahrheit
(schminken = sich die Lippen rot anmalen usw.)

– eine unbedachte Äußerung
– ein unerwünschtes Kind
– ein ungelöstes Problem
– unerledigte Post
– eine unbewältigte Vergangenheit
– ungereimtes Gerede

?

1. Relativsätze können gefährlich sein!

Zum Beispiel kann man leicht den roten Faden verlieren. Oder ist für Sie im folgenden Satz alles klar?

Derjenige, der denjenigen, der den Stein, der auf der Brücke, die nach Regensburg führt, lag, geworfen hat, gesehen hat, wird gesucht von demjenigen, der den Stein, der auf der Brücke, die nach Regensburg führt, lag, verloren hat.

Probieren Sie es auch einmal: Diejenige, die ...

2. Kennen Sie „Drudel"?

Drudel sind kleine Kunstwerke, die jeder gleich verstehen kann. Oder etwa nicht?

Was ist das?

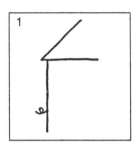 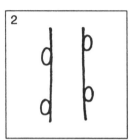 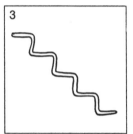 

3. Simultandolmetschen aus dem Deutschen ist besonders schwierig. Warum? Probieren Sie es mal!

A hält folgende kleine Rede für die „Freunde der Gartenzwerge" (unbedingt vorher üben!).
B stellt sich neben A und übersetzt „so simultan wie möglich". Überlegen Sie sich vorher, wie Sie das Wort „Gartenzwerg" übersetzen wollen.

Liebe Freundinnen und Freunde der Gartenzwerge,

es ist mir heute eine besonders große Freude, Sie an diesem herrlichen Frühlingstag, der uns an diesem schönen Ort zusammengeführt hat, um das vierzigjährige Jubiläum unseres Vereins der Freunde der Gartenzwerge zu feiern, – an diesem herrlichen Frühlingstag ist es mir also eine ganz besondere Freude, Sie, die Sie trotz des schönen Wetters so zahlreich erschienen sind, ganz herzlich im Namen aller Freunde der Gartenzwerge zu begrüßen und Ihnen und unseren lieben Gartenzwergen einen an Gesprächen reichen, erholsamen, sonnigen und schönen Nachmittag bei Kaffee und Kuchen zu wünschen.

1 Schwein, das hinter einem Haus verschwindet.   2 Bär, der an der Hinterseite eines Baumes hinaufklettert.   3 Schlange, die eine Treppe hinuntergeht.   4 Leiter, deren Besitzer eben ins Krankenhaus gebracht wurde.

21   Textaufbau: Schreiben

1. Lesen Sie bitte den Text „Der gute Mensch"!

2. Unterstreichen Sie die **Satzanfänge**!

Entscheiden Sie nun bitte:
a) Handelt es sich um einen ☐ beschreibenden
                        einen ☐ chronologisch/erzählenden
                        einen ☐ argumentativ/begründenden Text?

b) Handelt es sich Ihrer Meinung nach eher um
        ☐ eine Fabel
        ☐ einen naturwissenschaftlichen/biologischen Text
        ☐ einen Erlebnisbericht?

Passen Ihre Entscheidungen von a) und b) zusammen?

Der gute Mensch

1   Es war einmal ein guter Mensch, der freute sich seines Lebens. Da kam eine Mücke geflogen
2   und setzte sich auf seine Hand, um von seinem Blut zu trinken.
3   Der gute Mensch sah es und wußte, daß sie trinken wollte. Da dachte er: „Die arme kleine
4   Mücke soll sich einmal satt trinken", und störte sie nicht. Da stach ihn die Mücke, trank sich satt
5   und flog voller Dankbarkeit davon. Sie war so froh, daß sie es allen Mücken erzählte, wie gut
6   der Mensch gewesen wäre, und wie gut ihr sein gutes Blut geschmeckt hätte.
7   Da ...

3. Nomen und ihre Stellvertreter im Text

Das Subjekt des ersten Satzes „ein guter Mensch" und das Subjekt des zweiten Satzes „eine Mücke"
werden in dem Text immer wieder aufgegriffen, z. T. in Form von „Stellvertretern" (z. B. Pronomen).

Notieren Sie bitte die verschiedenen Formen!

1   *ein guter Mensch* _____   1   *eine Mücke* _____

    der _____   2   *sich* _____

    seines (Lebens) _____   3   _____

2   _____   _____

    _____   4   _____

3   _____   _____

    _____   _____

4   _____   _____

6   _____   5   _____

                                                 _____

                                             6   _____

4. Schreiben Sie nun die Geschichte bitte weiter. Achten Sie auf die Satzanschlüsse, die Nomen und
ihre Stellvertreter! Überprüfen Sie die Satzgliedstellung!

5. Lesen Sie Ihre Geschichten vor, und bearbeiten/korrigieren Sie die interessantesten gemeinsam in
der Klasse!

5/G 22 Vom Übersetzen: Substantivierte Infinitive

Lesen Sie bitte noch einmal den Text E 1 im Kursbuch, Seite 76! Unterstreichen Sie Textstellen, bei denen die Verben (übersetzen, lernen, üben) als Substantive gebraucht werden.
(Eine Hilfe: Als Substantive werden die Verben großgeschrieben.)
Schreiben Sie bitte die entsprechenden Formen in die folgende Tabelle!

Nominativ	*das Übersetzen, das*
Akkusativ	
Dativ	*vom*
Genitiv	*die Kunst des*

5/G 23 Die Kunst des Schlafens

Ergänzen Sie bitte das folgende Interview!
Dazu brauchen Sie nur das Wort „schlafen" in fünf verschiedenen Formen.

● Herr Dr. Brix, Sie haben ein neues Buch geschrieben. Wovon handelt es?

○ Dr. Brix: Es handelt *vom Schlafen,* genauer gesagt von der Kunst _____ _____ .

● Ein überraschendes Thema, Herr Dr. Brix! Inwiefern ist _____ eine Kunst?

   Alle Menschen müssen _____ .

○ Dr. Brix: Richtig! Aber nicht alle Menschen können _____ . _____

   _____ will gelernt sein.

● Aha. Können Sie uns ein paar Beispiele geben?

○ Dr. Brix: Ja, zum Beispiel: Viele Menschen können auch _____ _____ den

   Mund nicht halten, sie schnarchen*. Wieder andere gehen während _____ _____

   spazieren. Das sollte man übrigens unbedingt vermeiden. Man kann dabei sehr unangenehm

   geweckt werden. _____ _____ gehört auch die Frage: alleine

   _____ oder nicht alleine _____ . _____

   _____ macht einsam, aber _____ _____ zu zweit

   bringt auch Probleme mit sich.

● Ich verstehe, das Thema _____ ist wirklich kompliziert.

○ Dr. Brix: In der Tat, es lohnt sich, darüber nachzudenken. Der schwierigste Teil _____

   _____ ist übrigens das Aufwachen. Das ist allgemein bekannt. Deshalb gibt es ja

   auch das schöne Sprichwort: „Morgenstund' hat Gold im Mund". Damit soll den Langschläfern

   _____ _____ vermiest* werden.

● Herr Dr. Brix, wir danken Ihnen für dieses informative Gespräch.

* schnarchen; jdm etwas vermiesen

24   Gelerntes: Substantiviertes Partizip

Auch das Partizip II der Verben kann substantiviert werden.
1. Lesen Sie bitte noch einmal die Texte im Kursbuch auf Seite 73, und unterstreichen Sie die substantivierten Partizipien, die Sie dort finden. Lesen Sie dann die folgenden Beispiele!

Substantiviertes Partizip

Unbestimmt, ohne Artikel:
Nur einmal Gelern**tes** und nie Wiederhol**tes** wird meist schnell wieder vergessen.
(= Was man nur einmal gelernt und nie wiederholt hat, wird schnell vergessen.)

Bestimmt, mit Artikel:
Das damals Gelern**te** habe ich schnell wieder vergessen.
(= Das, was ich damals gelernt habe, habe ich schnell wieder vergessen.)

---

2. Ergänzen Sie bitte den folgenden Text (substantivierte Partizipien)!

Jeder lernt anders!

1. Die moderne Lernpsychologie hat gezeigt, daß es verschiedene Lerntypen gibt.

2. Da gibt es einmal den **auditiven Lerntyp**, der sich einmal oder mehrmals _____*Gehörtes*_____

(hören)
besonders gut merken kann.

3. Selber sprechen, sich mit anderen unterhalten ist für den **kommunikativen Typ** besonders wichtig.

4. Wieder andere lernen am effektivsten mit den Augen: es sind die **visuellen Lerntypen**, die sich am

besten an _____ erinnern können. – Selbst bei abstrakten Begriffen versuchen

(sehen)
sie, sich innerlich „ein Bild" von der Sache zu machen. So stellen sie sich vielleicht beim Begriff

„Liebe" ein Herz vor oder ein Paar, das sich küßt.

5. Besonders erwachsene Lerner wollen das _____ auch schriftlich fixieren:

(sprechen)

6. Erst _____ und wiederholt _____ bleibt für längere Zeit in

(schreiben)   (lesen)
ihrem Gedächtnis.

7. Natürlich kommen diese Lerntypen nicht isoliert vor. Die meisten Menschen lernen am besten,

wenn sie auf verschiedene Art und Weise lernen, d. h. wenn der Lernstoff über „verschiedene

Kanäle", wie die Lernpsychologie sagt, aufgenommen wird: _____ ,

(hören)

_____ , _____ , _____

sprechen   schreiben   sehen

_____ verknüpft sich und führt zu einem optimalen Lernerfolg.

(lesen)

8. Doch was wäre das Sprachenlernen ohne Inhalte! Interessante, spannende, traurige, lustige

Inhalte sprechen die Lernenden persönlich an, und verknüpfen den Lernprozeß mit Emotionen.

Erst so _____ und in gewissem Sinn „_____" hat die Chance,

(fühlen)   (erleben)
ein unvergeßliches „Lernerlebnis" zu werden.

5 25 Leselust zum Thema (fakultativ)

Ein Liebesbrief vom großen Goethe. Leicht oder schwer zu übersetzen?

Johann Wolfgang Goethe an Christiane Vulpius, seine Frau

Im Lager bei Verdun, 10. September 1792

Ich habe Dir schon viele Briefgen geschrieben und weiß nicht, wenn sie nach und nach bei Dir ankommen werden. Ich habe versäumt, die Blätter zu numerieren und fange jetzt damit an. Du erfährst wieder, daß ich mich wohl befinde, Du weißt, daß ich Dich herzlich lieb habe. Wärst Du nur jetzt bei mir! Es sind überall große breite Betten, und Du solltest Dich nicht beklagen, wie es manchmal zu Hause geschieht. Ach! mein Liebchen! Es ist nichts besser, als beisammen zu sein. Wir wollen es uns immer sagen, wenn wir uns wieder haben. Denke nur! Wir sind so nah an Champagne und finden kein Glas Wein. Auf dem Frauenplan soll's besser werden, wenn nur erst mein Liebchen Küche und Keller besorgt. Sey ja ein guter Hausschatz und bereite mir eine hübsche Wohnung. Sorge für das Bübchen und behalte mich lieb. Behalte mich ja lieb! Denn ich bin manchmal in Gedanken eifersüchtig und stelle mir vor: daß Dir ein andrer besser gefallen könnte, weil ich viele Männer hübscher und angenehmer finde als mich selbst. Das mußt Du aber nicht sehen, sondern Du mußt mich für den besten halten, weil ich Dich ganz entsetzlich lieb habe und mir außer Dir nichts gefällt. Ich träume oft von Dir, allerlei konfuses Zeug, doch immer, daß wir uns lieb haben. Und dabey mag es bleiben.

Briefgen = Briefchen
Sey, dabey: altertümliche Schreibweise

26 Kontrollaufgaben (Wiederholung)

1. Zwischen Tür und Angel

Ergänzen Sie bitte „schon, nicht ... mehr, erst, sogar, noch" usw.

A: Hast du _____ einen Augenblick Zeit?

B: Eigentlich hab' ich's eilig. Ich muß _____ in die Stadt ... Was ist denn?

A: Hast du _____ wegen der Gehaltserhöhung mit dem Chef gesprochen?

B: Nein, _____ _____ . Er hatte gestern und heute _____ Zeit, _____
_____ fünf Minuten. Ich habe es _____ dreimal versucht, aber die Sekretärin hat
mich immer wieder weggeschickt.

A: Ich glaube, er will gar _____ Zeit haben.

B: Das kann gut sein. Dabei warte ich _____ seit zwei Jahren auf eine Gehaltserhöhung. Ich
hab' es ihm auch _____ einmal gesagt. Aber es ist immer _____ _____
passiert.

A: Da kann man wirklich die Lust verlieren. Herr Müller hat auch _____ nach drei Jahren
200 Mark mehr bekommen.

B: Ich hab' die Hoffnung _____ _____ aufgegeben. Morgen probier' ich's
_____ mal. Aber jetzt muß ich gehn. Tschüß!

A: Tschüß, bis morgen!

2. Nicht sie, sondern ich! – Sonderverneinung

Wohin gehört das kleine Wörtchen „nicht"? Schreiben Sie bitte!

1. _____ (sondern gestern)
   (Frau Anwar hat heute den Brief übersetzt.)

2. _____ (sondern Frau Trab)
   (Frau Anwar hat den Brief übersetzt.)

3. _____ (sondern das Kochrezept)
   (Frau Anwar hat heute den Brief übersetzt.)

4. _____ (sondern der Vater)
   (Die Mutter hat die Kinder zur Schule gefahren.)

5. _____ (sondern zum Zoo)
   (Die Mutter hat die Kinder zur Schule gefahren.)

6. _____ (sondern auf eine Geschäftsreise)
   (Frau Müller ist mit ihrem Mann in Urlaub gefahren.)

Lektion 1

3 a) freundlich, die Freundlichkeit, unfreundlich, die Unfreundlichkeit, die Freundschaft, freundschaftlich

b) glücklich / unglücklich / das Unglück / glücklos / die Glücklosigkeit

c) ruhig / unruhig / die Unruhe / ruhelos / die Ruhelosigkeit

d) herzlich / die Herzlichkeit / herzlos / die Herzlosigkeit

e) pünktlich / unpünktlich / die Pünktlichkeit / die Unpünktlichkeit

f) männlich / die Männlichkeit / unmännlich / die Unmännlichkeit

g) die Kindheit / kindlich / kindisch / die Kindlichkeit / unkindlich / kinderlos / die Kinderlosigkeit

h) herrlich / die Herrlichkeit / die Herrschaft / herrschaftlich / herrenlos

4 – *ung:* die Ordnung / Benutzung / Begrüßung / Hoffnung / Einladung / Entschuldigung / Erklärung / Zeichnung / Erzählung / Rechnung / Entscheidung / Verabredung / Übersetzung / Verbeugung / Umarmung / Verlobung / Erinnerung / Unterhaltung

nur Verbstamm: m: der Rat / Kuß / Dank / Tanz / Reim / Flug / Empfang / Schmerz / Verkauf / Befehl / Streit; n: das Spiel / Lob; f: die Fahrt

Verbstamm + *–e:* die Hilfe / Liebe / Freude / Frage

5 Lösung: In unserem Traumland ist nicht alles so **perfekt organisiert** wie bei uns.

6 Bloß nicht! / Genau! / Unbedingt! / Eben! / Immerhin! / Von wegen!

7 1. hinauf / hinein / herein / hinaus / herauskommen

2. Komm schnell zu mir <u>herauf</u>! – Nichts wie <u>hinauf</u>! – Kommen Sie sofort <u>herunter</u>!

3. Komm zu mir <u>herüber</u>! – Spring du doch zu mir herüber!

9 Das sagten die Ostdeutschen nach ihren ersten Besuchen im Westen: Es war alles so schön, es gab alles. / Das griechische Essen war gut. / Dort gibt es viele schön angelegte Spielplätze. / Niemand muß sich anstellen. / Frauen können ganz für die Familie da sein. / Die Frau wird als Sexobjekt dargestellt. / Nach einem Unfall gefiel mir besonders die Freundlichkeit der Polizei. / Sie bilden sich ein, besser und klüger zu sein als wir. / Selbst für die Benutzung des Strands mußten wir Eintritt bezahlen. / Sie tun freundlich und sind in Wahrheit kalt. / Jugendliche in den Zügen und auf den Straßen benehmen sich unmöglich. / Schmutzecken wie bei uns!

Die anderen Aussagen sind Aussagen der Westdeutschen.

(Nach: Spiegel Spezial 1 / 1991, S. 86 / 87)

11 Möglicher Text:

Direktor der Sarda-Werke verschwunden

pp. **Seit dem Abend des 5. Mai ist der Direktor der Sarda-Werke spurlos verschwunden. Mehrere Personen wurden von der Polizei befragt, aber es gibt noch keine heiße Spur.**

Das mysteriöse Verschwinden des Direktors der Sarda-Werke am Freitag abend ist immer noch nicht aufgeklärt. Die Polizei tappt weiterhin im dunkeln.

Wie wir erfahren haben, soll er noch um fünf Uhr nachmittags desselben Tages in seinem Garten gesehen worden sein. Eine Nachbarin will ihn dann um 19 Uhr 30 im Café Schwarz in der Innenstadt in Begleitung einer jungen Frau gesehen haben. Beide sollen sehr aufgeregt gewesen sein. Nach Auskunft seines Freundes und seiner Sekretärin, die beide von der Polizei befragt wurden, soll er schon seit einiger Zeit finanzielle Schwierigkeiten gehabt haben und sehr nervös gewesen sein. Nach Meinung seiner Frau hatte er Probleme in der Firma.

Eine Verkäuferin eines bekannten Kaufhauses erkannte ihn auf einem Bild, das ihr die Polizei zeigte: Er soll bei ihr einen Koffer gekauft und mit einem Tausender bezahlt haben, ohne auf das Wechselgeld zu warten.

Zuletzt wurde er in Begleitung eines jüngeren Mannes auf dem Flughafen gesehen. Eine Lufthansa-Angestellte will ihn trotz des Bartes, den er trug, auf dem Polizeifoto erkannt haben. Sein Begleiter soll für ihn ein Ticket nach Rio de Janeiro gekauft haben. Nach Aussage der Lufthansa-Angestellten hatte er Angst und schaute unruhig um sich.

Seitdem hat man nichts mehr von ihm gehört. (Sachdienliche Hinweise nimmt jede Polizeidienststelle entgegen.)

16 viele ausländische / mehrere ausländische / einige ausländische / wenige ausländische / manche ausländisch**en** / ein paar ausländische / keine ausländisch**en** Gäste

20 1. Diese Wörter passen nicht: 2. Zuckerdose (Inhalt nicht flüssig) 3. Schaufel (kein Besteck) 4. Backpulver (kein Gewürz) 5. Vase (kein Geschirr) 6. Marmelade (kein Milchprodukt) 7. Kaffee (muß gekocht werden) 8. Banane (hat keinen Kern)

2. Besteck paßt zu 3; Milchprodukte zu 6; Beilagen zu 1; Getränke zu 7; Obst zu 8; Gewürze zu 4; Geschirr zu 5.

23 1. 1. Einfühlungsvermögen 2. Selbstbewußtsein 3. Pflichtbewußtsein 4. Anpassungsfähigkeit 5. Kritikfähigkeit 6. Hilfsbereitschaft 7. Selbstkritik

2. bloß nicht / Na ja / eben / unbedingt / gerade / Na ja / immerhin / von wegen / bloß nicht / nämlich / eben / Genau.

3. Man steigt aus dem Bett hinaus / geht in das Badezimmer hinein / Kommt aus dem Badezimmer heraus / geht in die Küche hinein / Die anderen sagen: Komm her! / Die Kollegen sagen: Nur herein!

Lektion 2

2 Lösungen: Hosenbein, Bauchtanz, Ringfinger, Fingerring, Nasenring, Ohrring, Nasentropfen, Ohrentropfen, Brustbild, Kopfsalat, Salatkopf, Handschuh, Fußweg, Zehenspitzen, Nasenspitze, Tischbein

3 Ihm tut der Hals weh. / Sie hat Kopfschmerzen. / Ihr tut das Knie weh. / Sie hat Bauchschmerzen. / Ihm tut der Bauch weh. / Er hat Rückenschmerzen. / Ihm tut der Rücken weh.

4 1. 2 d; 3 e; 4 a; 5 g; 6 j, 7 b, 8 i; 9 f; 10 c.

5 1 C; 2 F; 3 E; 4 A; 5 B; 6 D

6 **1.** Moderne 2; Klassizismus 6; Barock 7; Renaissance 4; Gotik 8; Romanik 3; römisch 5; griechisch 1.
3. Adjektive: modern / gotisch / romanisch / römisch / griechisch

8 3. / 2. / 4. / 2. / 1. / 1. / 1. / 1. / 4. / 4.

9 **1.** 2. Du kannst dir die Pizza vom Party-Service ins Haus bringen lassen. 3. Ihre Eltern lassen sie nicht in die Disco. 4. Ich habe meine Schlüssel auf dem Tisch liegen lassen. 5. Mein Vater läßt mich nicht mit seinem Auto fahren. 6. Das Fenster läßt sich nicht öffnen. 7. Laß mich raus! 8. Laß endlich das Rauchen! 9. Ich lasse meine Hemden in einer Wäscherei waschen und bügeln.
2. Mögliche Lösungen: 1. Laß mich bitte nicht allein! 2. – Dann laß sie doch reparieren! 3. Laß das doch bitte! 4. Bitte laß mich das alleine machen! 5. Deshalb müssen Sie den Arzt holen lassen. 6. Ich habe mir doch nur die Haare färben lassen. 7. Laß mich bitte arbeiten! 8. Laß mich dir doch helfen! 9. Soll ich sie mit ihrem Freund schon allein in Urlaub fahren lassen? 10. Laßt mich doch auch mal was sagen! 11. Ayşe möchte auch mit auf die Klassenreise, aber ihr Vater läßt sie nicht. 12. Laß mich mal probieren! 13. Du läßt mich ja nie ans Steuer! 14. Deshalb lassen viele Firmen ihre Waren im Ausland produzieren.

11 1. man / einen 2. einem / man 3. man / man 4. Man / man 5. man / man / einem / einen 6. man / einem / einen / einem

12 **1.** 1 b; 2 a; 3 b; 4 c; 5 a; 6 b; 7 b; 8 c; 9 b
2. 1 b; 2 a; 3 a; 4 b; 5 a; 6 b

13 1. Franz scheint zu kommen. 2. Er scheint im Lotto gewonnen zu haben. 3. Das Wasser scheint sauber zu sein. 4. Der Zug scheint Verspätung zu haben.

16 **4.** Die originale Redewendung heißt: **Lieber Sein als Schein.**

19 **1.** Fremdsprache-Muttersprache / Fernweh-Heimweh / Trauer-Freude / Aktivität-Passivität / Nähe-Distanz / Himmel-Hölle / Regel-Ausnahme / Reichtum-Armut / Tod-Geburt / Kultur-Natur / Heimat-Fremde / Dialekt-Hochdeutsch

22 **1.** Falsch sind die Sätze 1, 3, 6, 8.
Richtig müssen sie lauten: 1. Ich muß jeden Morgen duschen. 3. Du mußt mir helfen. 6. Sie brauchen viel gute Laune und Abenteuerlust mitzubringen. 8. Wir müssen alle mehr Geld verdienen.
2. Waagrecht: 1. Hinweis 7. Buch- 10. hin 11. Ei 12. Wärme (Waerme) 14. hinaus 15. Neugier 17. bin 18. Mitreisende 19. nie 20. gerne
Senkrecht: 1. hinein 2. inaktiv 3. neuere 4. wissen 5. einzig 6. sauber 7. Beginn 8. Ur- 9. herein 10. Himmel 12. weiß (hier: weis) 13. Meter 16. Inder

Lektion 3

2 Lösung: 1 d; 2 a; 3 c; 4 b

3 **1.** Sie reden von der radioaktiven Belastung der Umwelt / von der Verwendung immer modernerer Technologien / von der Verseuchung der Flüsse mit Chemikalien / vom Waldsterben
2. Durch die Luftverschmutzung und durch die radioaktive Belastung der Umwelt... / Durch die Verwendung immer modernerer Technologien und durch die immer stärkere Rationalisierung... / Durch die Verseuchung der Flüsse mit Chemikalien und durch das Waldsterben...

4 **1.** Die Politiker sollen: die Arbeitswelt humanisieren / Kriege vermeiden / die Wälder schützen / neue Arbeitsplätze schaffen / die Abwässer entgiften
2. Die Politiker sagen: Natürlich sind wir für den Schutz der Umwelt / für die Vermeidung von Kriegen / für die Humanisierung der Arbeitswelt / für die Schaffung neuer Arbeitsplätze / für den Schutz des Waldes / für die Entgiftung der Abwässer.

9 **1.** Noch nicht, aber nächste Woche haben wir es bestimmt gelöst. 2. Warte, in zwei Stunden habe ich es von der Bank geholt. 3. Ach nein. Den Film habe ich schon letztes Jahr gesehen. 4. Ist doch alles halb so schlimm! Bis zu deiner Hochzeit hast du alles vergessen! 5. Noch zwei Jahre. Dann habe ich genug verdient. 6. Ja, und bis nächstes Jahr sind dann alle Rechnungen bezahlt. 7. Ich wollte ja, aber ich habe unerwartet Besuch bekommen. 8. Wir haben so gelacht! Peter hat den ganzen Tag Witze erzählt.

11 2. Der Laden ist geschlossen. / Die Blumen werden gegossen. / Das Kind ist zu warm angezogen.

15 6. Zukunft: 9, 16, 18, 19, 20, 21, 23, 24, 26, 29, 32, 40, 41, 42; Gegenwart: 1, 4, 5, 7, 10, 11, 12, 13, 14, 15, 17, 22, 25, 27, 30, 33, 34, 37, 39, 43; Vergangenheit: 2, 3, 6, 8, 31, 35, 36, 38

15 8. „werden" + Ergänzung: 13, 16, 30, 31, 36, 38
„werden" + Infinitiv = Zukunft: 31, 40, 41
„werden" + Part. Perf. = Passiv: 11, 26
„Werden" + „wohl" + Infinitiv = Vermutung /
Zukunft: 26

16 2. Lösungsvorschlag: Ja, natürlich gibt es genügend Gründe, pessimistisch in die Zukunft zu schauen: die drohende Arbeitslosigkeit und die abnehmende Solidarität zwischen den Menschen, steigende Kosten für Miete, Heizung, öffentliche Verkehrsmittel und sinkender Verdienst. Dazu kommt die wachsende Zahl der Verkehrstoten seit Öffnung der Mauer und die zusammenbrechende Wirtschaft. ...
Aber! Gibt es nicht genug, worüber man sich trotzdem jeden Tag freuen kann? Blühende Obstbäume, spielende und lachende Kinder, das Gesicht eines liebenden Menschen? Wer sich nicht mehr über die auf- und untergehende Sonne, über den zu- und abnehmenden Mond freuen kann, der kann einem schon leid tun. ...
Was wir brauchen, sind zupackende und mutig nach vorn blickende Menschen.

19 2. Lösung: 1 c; 2 a; 3 c; 4 a; 5 d; 6 b
3. Lösung: Der sterbende Schwan (in Schwanensee von P. Tschaikowski), getanzt von einer Ballettänzerin.

20 2. Viele Menschen verschließen die Augen vor den Zukunftsproblemen der Menschheit. Die einen flüchten sich in Wahrsagerei und Okkultismus. Eine solche Haltung bezeichnet man als Eskapismus. Die meisten gehören allerdings zur schweigenden Mehrheit, die mit den Verhältnissen zufrieden ist. Sie verlassen sich auf die Politiker und halten alle Probleme mit Hilfe moderner Technologien für lösbar. Manche Menschen nehmen sogar die Gefahr von Naturkatastrophen in Kauf, solange diese nicht vor ihrer Haustür stattfinden. Viele Menschen reagieren aber auch aktiv auf die Probleme der Zeit und engagieren sich in Umweltschutzorganisationen. Sie zweifeln nicht daran, daß jeder einzelne etwas bewirken kann. Deshalb beteiligen sie sich an Aktionen für den Umweltschutz und verzichten dafür häufig auf ihre Freizeit. Sie erinnern uns daran, daß wir dafür sorgen müssen, daß

auch unsere Kinder noch in einer lebenswerten Welt leben können. „Wir haben die Erde nur von unseren Kindern geliehen, sagen sie.

21 die Herbstmesse: Messe, die im Herbst stattfindet / die Technikermesse: Messe für Techniker / die Industriemesse: Messe, auf der die Industrie ihre Produkte ausstellt / die Hamburgmesse: Messe, die in Hamburg stattfindet

21 4. Städte- und Verkehrsplanung / Umwelt- und Wasserschutz / Katastrophenvorsorge und -vermeidung / Deutsch- und Französischunterricht / Grammatik- und Rechtschreibfehler

22 1. Neuerscheinungen / Neustadt / Neumond / Altstadt / Kleinstadt / Großstadt / Altbundesländer / Kurzinformation / Fernweh / Vollmond / Süßspeise / Heißhunger
2. praxisnah / verkehrsnah / tannengrün / hellblau / himmelblau / todmüde / hundemüde / gastfreundlich / frauenfeindlich / frauenfreundlich / fremdenfeindlich / schneeweiß / ferngesteuert / liebeshungrig / nachtschwarz / blitzschnell / vollautomatisch / verkehrsmüde

24 1. Sie notieren: Sicherung der Arbeitsplätze / Verkürzung der Arbeitszeit / Erhöhung der Löhne / Verbesserung der medizinischen Versorgung der Arbeiter / Lösung der Umweltprobleme
2. etwas Vergangenes: 2, 5, 10; etwas Zukünftiges: 3. 6, 11; ein Resultat: 1, 4, 5, 7, 9
3. Mailand und Paris sind die zwei wichtigsten Modestädte Europas: In diesen Städten finden jedes Jahr große Messen statt. Die Modefirmen verkaufen dort ihre Produkte an interessierte Geschäftspartner. Italien und Frankreich exportieren ihre Mode in alle Welt: Nach Deutschland, nach Großbritannien und in die Schweiz genauso wie nach Japan und in die USA. Die Kleidung ist sehr teuer, denn zum Beispiel Baumwolle wird weder in Italien noch in Frankreich angebaut, sondern aus anderen Ländern eingeführt. In der Sowjetunion und in den USA kauft man sie direkt beim Produzenten.

Lektion 4

3 2. Ein Jahr später, nach der deutschen Vereinigung am 3. Oktober 1990, sah alles ganz anders aus: Statt der Freude über die Vereinigung wuchs die Enttäuschung über die wirtschaftlichen Schwierigkeiten. – Trotz der Versprechungen wurde die wirtschaftliche Situation im Osten Deutschlands immer schlechter. – Die meisten besuchten während der Zeit der Arbeitslosigkeit Weiterbildungs- oder Umschulungskurse. – Wegen der langen Trennung ... verstanden sie sich nicht mehr. Statt westlicher

Erziehungsziele wie Kritikfähigkeit, Selbstdarstellung und Eigeninitiative wurden im Osten
Anpassungsfähigkeit und ... gefördert.

5 besuchen / gehen 30 % auf die Realschule / aufs
Gymnasium / lernt / studieren / Abschlußzeugnis
/ Studierende / Studienbewerber / Studium / be-
ginnen / gelernt / studiert / erlernen / Lehre /
Berufsschule besuchen

6 **1.** Schüler: Bild 1, 2, 3; Studenten: Bild 4
2. lernen / Schüler / Schüler / lernen / Studenten /
studieren / lernen

9 **1.** verheiratet / verheiratet / haben wir geheira-
tet / Hochzeit / Trauung / Hochzeitskleid / Heirat /
Ehe / verheiratete / Ehe / heirateten / verheiratet /
Hochzeitsessen / Trauung / Ehe

15 **2.** Das Sprichwort heißt: Was ich nicht weiß,
macht mich nicht heiß.

Lektion 5

4 **1.** Michael war vor vielen Jahren ein erfolgreicher Klavierspieler. Aber er mußte stundenlang
auf dem Klavier üben. Das war sehr schwierig:
er hatte nämlich unfreundliche Nachbarn. Diese
hatten für seine Musik kein Verständnis (oder:
er hatte unfreundliche Nachbarn, die für seine
Musik kein Verständnis hatten). Deshalb mußte
er oft zu Freunden gehen. Manchmal fuhr er
aufs Land zu seiner Mutter. Dort konnte er ungestört spielen (oder: ...zu seiner Mutter, wo er
ungestört spielen konnte). Aber dann geschah
ein Unglück. Er stürzte und verletzte sich
schwer. Aber erst später kam die schreckliche
Wahrheit heraus: Er konnte seine Finger nicht
mehr bewegen. Deshalb mußte er auf seinen
geliebten Beruf verzichten.

6 Im Präteritum: Du suchtest meine Nähe nicht. /
Du fand(e)st mich nicht schön. / Du schautest
mich nicht an. / Du sehntest dich nicht nach mir. /
Du wartetest nicht jeden Tag auf mich. / Du
hofftest nicht sehnsüchtig auf ein Zeichen von
mir. / Du gingst nicht fort von hier. / Du hast
mich nicht vergessen.
Oder im Perfekt: Du hast meine Nähe nicht gesucht. / Du hast mich nicht schön gefunden. / Du
hast mich nicht angeschaut. / Du hast dich nicht
nach mir gesehnt. / Du hast nicht jeden Tag auf
mich gewartet. / Du hast nicht sehnsüchtig auf
ein Zeichen von mir gewartet. / Du bist nicht
von hier fortgegangen. / Du hast mich nicht vergessen.

7 **1.** Ich übersetze nicht gern. Deshalb habe ich
den Text nicht alleine übersetzt. Der Text war
auch wirklich nicht sehr interessant.

2. Frau Schwarz ist heute nicht gut gelaunt.
Denn sie hat in der Nacht nicht gut geschlafen
und hat morgens nicht ausgeschlafen. Als sie
aufwachte, war ihr Mann nicht da, und sie konnten nicht zusammen frühstücken. So konnte sie
mit ihm nicht über ihre beruflichen Pläne sprechen (oder: So konnte sie nicht mit ihm über ...
sprechen).
3. Christian Roth ist nicht glücklich, denn er hat
seine Freundin nicht rechtzeitig anrufen und ihr
sagen können, daß er nächste Woche frei hat
und mit ihr gerne ein paar Tage Urlaub machen
würde. (Und sie hat ihm nicht sagen können,
daß sie auch frei hat.)

9 **1.** Was sie sagt: Ich habe ... keine Lehre als
Rechtsanwaltsgehilfin absolviert / keinen netten
Mann kennengelernt / nicht geheiratet / keine
Familie gegründet / keine Kinder bekommen /
nicht nur an die Familie gedacht / keine Lust gehabt, jeden Tag zu kochen / nicht immer Geduld
gehabt.
2. Nicht so viel / keinen Sport / kein Interesse /
Ich weiß auch nicht / kein sportlicher Mensch /
verstehe ... nicht / achtest du nicht / keinen Hunger / keine Lust / keine Lust / keine Zeit / kein
Geld / mag nicht / kann nicht / will nicht / verstehst mich nicht / kein Mensch / so geht es eben
nicht.

12 Das wird gesagt: 1. Sie macht es gern. 2. Einer
hat die Prüfung nicht bestanden. Alle anderen
haben bestanden. 3. Keiner von den Anwesenden hat widersprochen. 4. Das ist wie bei uns.
5. Er hat geheiratet und das Examen gemacht.
6. Er hat das Buch mit Interesse gelesen.

13 **1.** 1. noch / nichts mehr; 2. noch / keine Zeit
mehr; 3. noch / nichts mehr; 4. noch eine;
5. noch nicht / noch

14 **1.** 1. schon / noch nicht / erst; 2. schon / noch
nicht / erst; 3. schon / noch nicht / erst; 4. schon /
noch

15 So lautet das Gedicht:
Ich will mit dem gehen,
den ich liebe.
Ich will nicht ausrechnen,
was es kostet.
Ich will nicht nachdenken,
ob es gut ist.
Ich will nicht wissen,
ob er mich liebt.
Ich will mit ihm gehen,
den ich liebe.

17 Eine Zeitungsmeldung: **Taschen- und Jacken-
raub**
Gestern kam es wieder zu mehreren Überfällen
im Stadtgebiet.
Der erste Überfall geschah schon am frühen
Vormittag. Der Täter, der mit einem Motorrad

von hinten herangefahren kam, riß einer 60jährigen Frau, die gerade Geld von der Bank geholt hatte, die Tasche aus der Hand und brauste davon. Nach Auskunft von Augenzeugen war der Täter, der einen hellbraunen Blouson trug, etwa 20 bis 30 Jahre alt.

Der zweite Überfall geschah wenig später nicht weit vom ersten Tatort. Diesmal fuhr der Täter mit einem Fahrrad an eine junge Frau heran und riß ihr die Umhängetasche, in der sich 200,– DM befanden, von der Schulter. Die Frau, deren dreijährige Tochter durch die starke Bewegung zu Boden stürzte, schrie um Hilfe, aber der Täter, der von Augenzeugen als blond und jugendlich beschrieben wurde, war schon um die nächste Ecke verschwunden.

Opfer des dritten Überfalls wurden zwei vierzehnjährige Schüler, die gerade ins Kino gehen wollten. Sie wurden plötzlich von vier Jugendlichen, die sie mit einem Taschenmesser bedrohten, umringt. Die Schüler, denen keiner der Passanten zu Hilfe kam, mußten ihre Lederjacken und ihr Geld hergeben.

Die Polizei, die eine steigende Zahl solcher Überfälle registriert, stellte fest, daß immer weniger Menschen bereit sind, den Opfern, bei denen es sich häufig auch um Kinder und Jugendliche handelt, zu helfen.

18 Ihm sitzt die Angst im Nacken. / Die Angst schnürt ihm die Kehle zu. / Er ärgert sich ein

Loch in den Bauch. / Z. B.: Diese Kröte mußte er auch noch schlucken. (= Er mußte etwas sehr Unangenehmes hören oder tun.) / Z. B.: Die schlechte Nachricht liegt ihm wie ein Stein im Magen.

23 Kunst des Schlafens / Schlafen eine Kunst / müssen schlafen / können schlafen / Das Schlafen / beim Schlafen / während des Schlafens / Zum Schlafen / alleine schlafen oder nicht alleine schlafen / Alleine schlafen / das Schlafen zu zweit / das Thema Schlafen / beim Schlafen / das Schlafen

24 3. Gesehenes 6. das Gesprochene 7. Geschriebenes / Gelesenes / 8. Gehörtes, Gesprochenes, Geschriebenes, Gesehenes, Gelesenes 9. Gefühltes / Erlebtes

26 **1.** noch / noch / schon / noch nicht / keine / nicht einmal / schon / keine / schon / schon / noch nichts / erst / noch nicht / noch
2. 1. Frau Anwar hat <u>nicht heute</u> den Brief übersetzt (, sondern gestern). 2. <u>Nicht Frau Anwar</u> hat den Brief übersetzt (, sondern Frau Trab). 3. Frau Anwar hat heute <u>nicht den Brief</u> übersetzt (, sondern das Kochrezept). 4. <u>Nicht die Mutter</u> hat die Kinder zur Schule gefahren (, sondern der Vater). 5. Die Mutter hat die Kinder <u>nicht zur Schule</u> gefahren (, sondern zum Zoo). 6. Frau Müller fährt mit ihrem Mann <u>nicht in Urlaub</u> (, sondern auf eine Geschäftsreise).

Texte zu Übung 3, S. 93

A

B

C

1–C; 2–A; 3–B

Schaltplan

zum "Knacken" deutscher Texte

Was man als erstes wissen muß:

Lesen heißt nicht übersetzen.

Und als zweites:

Man muß nicht jedes Wort kennen, um einen Text zu verstehen.

Eine ganz wichtige Rolle beim Verstehen von Texten spielt das **Vorwissen**: Vor dem Lesen weiß man schon mehr über den Inhalt des Textes, als man denkt.

Dabei hilft die **Überschrift**: Sie nennt meistens schon das Thema. Und über die meisten Themen weiß man etwas, hat man schon mal was gehört oder gelesen. Es ist wahrscheinlich, daß irgendetwas davon im Text vorkommt.

Eine wichtige Hilfe sind **Abbildungen**. Sie machen etwas vom Text sichtbar.

Als nächstes erkennt man die **Form** des Textes, seinen Aufbau oder die Gliederung: Ist es ein Werbetext, ein Zeitungstext, ein Tagebucheintrag, ein Märchen oder ein Gedicht? In jedem Fall erwartet man etwas anderes vom Text. Auch diese Erwartung hilft beim Verstehen.

Dann sind da die **Wörter**. Einige Wörter sind vielleicht hervorgehoben. Die hervorgehobenen Wörter sind besonders wichtig. Vielleicht sind es die Schlüsselwörter oder sie zeigen die Gliederung des Textes. Neben den bekannten gibt es viele unbekannte Wörter. Vielleicht zu viele? Aber wenn man genauer hinschaut, erkennt man sie doch: Vielleicht sind es Internationalismen, d.h. Wörter, die in vielen Sprachen vorkommen; vielleicht gibt es ähnliche deutsche Wörter, vielleicht kennt man schon ähnliche Wörter aus einer anderen Fremdsprache.

Und wenn man an einem fremden Wort fast verzweifelt, so hilft auch noch der **Kontext**, Unbekanntes aus Bekanntem zu entschlüsseln.

Die Schlüsselwörter führen zu den **Hauptinformationen** des Textes, geben Auskunft darüber, was wichtig ist oder darüber, was kommt.

Die Hauptinformationen hängen eng zusammen mit der **inneren Struktur** des Textes, mit dem gedanklichen Aufbau zum Beispiel oder mit dem Handlungsablauf. Man kann diese innere Struktur herausarbeiten und sogar grafisch darstellen, z.B. als Flußdiagramm.

Ganz wichtig sind die **Satzverknüpfer** und die **Textverknüpfer** wie z.B. Konjunktionen und Pronomen und andere zurückweisende oder vorausweisende Textelemente. An ihnen erkennt man, wie der Text zusammenhängt, wie sich alle Teile aufeinander beziehen und ein Ganzes bilden.

Erst ganz zum Schluß kommt das **Wörterbuch**, das nur in besonders schwierigen Situationen helfen soll.

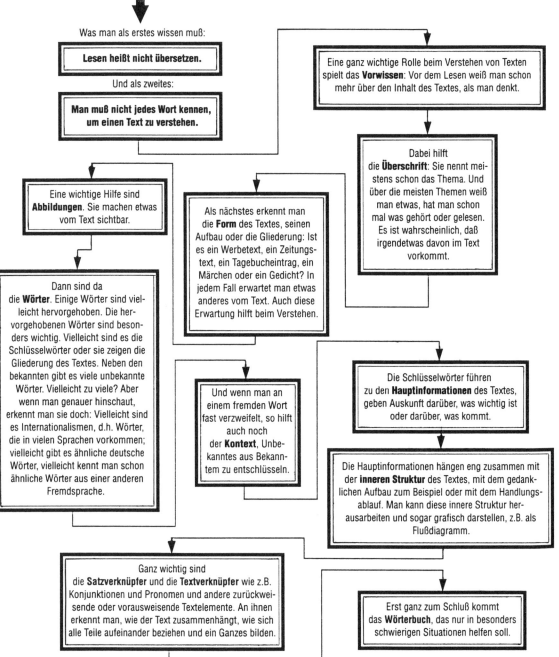

Aus: Fremdsprache Deutsch. Zeitschrift für die Praxis des Deutschunterrichts. Heft 2/1990: Arbeit mit Texten.

Quellennachweis: Abbildungen

Seite 11, 35, 62, 63, 75, 77: Fotos: E.-M. Jenkins, Hamburg.
Seite 32/33: Fotos 1-7: Bildarchiv Foto Marburg; Foto 8: privat.
Seite 38: Aus: Der Struwwelpeter.
Seite 42: American Journal of Psychologie.
Seite 46: Abbildungen: Stadt Buxtehude. Stadt Rothenburg o.d. Tauber.
Seite 47: Foto: Süddeutscher Verlag, Bilderdienst.
Seite 49: Cartoon: Oswald Huber, Cartoon-Caricatur-Contor München.
Seite 53: Foto: Süddeutscher Verlag, Bilderdienst.
Seite 54: Abbildungen oben: Aus: Faltblatt des Amtes für Entsorgungsplanung. Freie und Hansestadt Hamburg.
Aufkleber: Baubehörde Landesbetrieb Hamburger Stadtreinigung.
Seite 55: 2 Cartoons oben, **71, 84 oben, 85:** : © Marie Marcks, Heidelberg.
Seite 60: Cartoon: © The Spectator Nov. 1990.
Seite 61 und 64: Schaubild: SPIEGEL SPEZIAL 1/1991.
Seite 84: Cartoon von Erich Rauschenbach: Niemand ist so toll wie Du. Vito von Eichborn Verlag, Frankfurt 1989.
Seite 91: Schaubild: Globus Kartendienst 8506.
Seite 93: Abbildung links: Aachener und Münchener Beteiligungs-Aktiengesellschaft; Abbildung rechts:
Hypo-Bank; Abbildung unten: Florentin Ziegler KG.
Seite 104: Polizei Hamburg — Ps 22.
Seite 106: Aus: Roger Price Der kleine Psychologe. Sämtliche Drudel in einem Band. Deutsche Bearbeitung von
Paul Rothenhäusler © 1975 by Diogenes Verlag AG Zürich.
Seite 106 unten: Foto: Zwerge. Manfred Semder, Stuttgart.

Quellennachweis: Texte

Seite 15: Spiegel-Umfrage. Aus: SPIEGEL SPEZIAL 1/1991, S. 86/87.
Seite 19: Empfindungswörter von Rudolf Otto Wiemer. Aus: Wortwechsel. © Wolfgang Fietkau Verlag.
Seite 21: mal eben. Aus: Jugend vom Umtausch ausgeschlossen. panther 5555 © 1984 by Rowohlt
Taschenbuch Verlag GmbH, Reinbek.
Seite 21: Fremdbild — Eigenbild. Frankfurter Allgemeine Zeitung.
Seite 24: Typischer Europäer. Nach: Barbara Weiss „Typischer Deutscher". In: Süddeutsche Zeitung 13. 8. 1977.
Seite 30/31: Aus: „Kursbuch Gesundheit" © 1990 by Verlag Kiepenheuer & Witsch, Köln.
Seite 43: Text und Abbildung. Aus: Franz Hohler, Der kranke, kranke Regenwurm. In: Der Granitblock im Kino,
Fischer-Taschenbuch Verlag.
Seite 47: Magersucht. Gekürzter Text. © 1991 GEO-Wissen.
Seite 51: Batterie ohne Schadstoffe: HAMBURGER ABENDBLATT.
Seite 69: Text: Stiftung „Wald in Not".
Seite 76: Stichwörter: Hochzeit, Heirat. Aus: Duden Bd. 10, Bibliographisches Institut, Mannheim 1985.
Seite 81: Mit der Nase lernen. HAMBURGER ABENDBLATT.
Seite 82: Hans-Jürgen Krumm: Ein Glück, daß Schüler Fehler machen. Anmerkungen zum Umgang mit Fehlern
im lernerorientierten Fremdsprachenunterricht (gekürzt). In: Festschrift für Albert Raasch. Tübingen 1990.
Seite 83: Angelika C. Wagner: Was unsere Schule heute ist! (gekürzt). In: Angelika C. Wagner (Hrsg.):
Schülerzentrierter Unterricht. München 1976.
Seite 87: Umfrage. Aus: Eltern 6/91. © ELTERN.
Seite 88: Inserat. © Stephan Ober, Seevetal, Rolf Potthast Büro- und Datentechnik Handels-GmbH, Hamburg.
Seite 89: Zehn Tips für Ihre Karriere: HAMBURGER ABENDBLATT.
Seite 95: Schön. Aus: Überall und neben dir. Gedichte für Kinder. Hrsg. von Hans-Joachim Gelberg. Beltz Verlag,
Weinheim und Basel 1986. Programm Beltz und Gelberg, Weinheim. Gulliver-Taschenbuch Bd. 50.
Seite 103: Gedicht „Ich will mit dem gehen, den ich liebe" von Bertolt Brecht. Aus: Gesammelte Werke.
© Suhrkamp Verlag Frankfurt am Main 1967.
Seite 107: Kurt Schwitters: Die Fabel vom guten Menschen (Anfang). Aus: Kurt Schwitters: Das literarische
Werk. Du Mont Verlag, Köln 1974.
Seite 110: Aus: In tausend Formen magst du dich verstecken. Erotische Briefe der Weltliteratur.
Hrsg. von Annalisa Viviani. Fischer TB, Frankfurt 1986.